FOUS RIRES

TOUTE L'ACTUALITÉ DE L'ANNÉE

EN PRÈS DE 1 000 BLAGUES HILARANTES

2025

Préparation de copie et relecture : Audrey Peuportier
Mise en pages : Fabrice Del Rio Ruiz
Couverture : Antartik
Illustrations : Olivier Ranson

76, boulevard Pasteur
75015 Paris – France

ISBN : 978-2-36704-320-3

François Jouffa et Frédéric Pouhier

FOUS RIRES 2025

TOUTE L'ACTUALITÉ DE L'ANNÉE
EN PRÈS DE 1 000 BLAGUES HILARANTES

LEDUC HUMOUR

« La tolérance atteindra un tel niveau
que les personnes intelligentes
seront interdites de toutes réflexions
pour ne pas offenser les imbéciles. »

Dostoïevski

Arroseur arrosé

— Où étais-tu passée ? demande un homme à sa femme qui rentre, très joyeuse, à 2 heures du matin.

— Vois-tu, mon chéri, répond-elle, je n'aurais jamais songé à te tromper si je n'avais pas fait la connaissance de ce jeune et charmant détective privé que tu as engagé pour me surveiller parce que tu étais bêtement persuadé que je t'étais infidèle.

Escalier pour l'échafaud

Après un repas bien arrosé, quatre retraités trop ivres pour reprendre la voiture décident de rentrer chez eux à pied en empruntant une voie de chemin de fer, apparemment désaffectée.

— Bon Dieu ! Cet escalier est interminable, dit le premier.

— Et moi, je trouve la rampe bien trop basse, rétorque le second.

— C'est incroyable ! Les marches sont inconfortables ! dit le troisième.

— Arrêtons-nous, déclare le quatrième, essoufflé, car j'entends l'ascenseur qui arrive !

Petite annonce

À vendre : Tenue de nudiste, 50 euros.

Nouveau Testament

Deux copines discutent chez le coiffeur :

— Je viens de lire le Nouveau Testament.

— Et alors ?

— Toujours rien pour les fils d'Alain Delon.

à MÉDITER

Cinquante Nuances de Grey est romantique uniquement parce que le mec est milliardaire. S'il vivait dans une caravane, ce serait un épisode de *New York, unité spéciale.*

Non, c'est non ?

Une jeune fille annonce à un jeune homme :

— Ma mère m'a fait jurer de répondre « non » à toute tes demandes !

— Pas de problème. Ça te dérange si on baise ?

Témoignage

« Je suis dégoûté. Je ne peux pas faire de purée maison car j'habite dans un studio. »

Quelques efforts

Je viens d'apprendre que les efforts sont payants. Déjà que j'avais pas trop envie d'en faire !

Témoignage

« J'ai longtemps cru que je m'appelais Comifo à cause de ma mère : "Range ta chambre Comifo, parle Comifo, habille-toi Comifo !" »

Secret d'histoire drôle

— T'as vu ? Stéphane Bern vient d'être hospitalisé pour cause d'épuisement.

— Le pauvre. Il a fait un Bern-out ?

à MéDiTeR

On ne me fera pas croire que le dimanche dure aussi longtemps que les autres jours de la semaine ! Ça pue l'arnaque.

Pizza

Une jeune femme demande à un pizzaïolo :

— C'est combien, la pizza ?

— C'est 12 euros et je fais une réduction pour les jolies filles.

— Ah merci ! Combien je vous dois, alors ?

— 12 euros !

Témoignage

« Vu ma difficulté à rester en couple, je pense que dans une autre vie, j'étais une chaussette. »

Sans voix

Chez Sephora, une femme dit à son époux :

— Ce parfum me laisse sans voix.

— OK, je prends tout le stock.

Les citations les plus drôles

« Le ciel est trop haut, la terre est trop basse, seul le comptoir est à la bonne hauteur. »

Frédéric Dard

DANS LE CADRE DES COURS DE THÉÂTRE, JE VAIS VOUS APPRENDRE À SIMULER L'EMPATHIE.
Ranson

En marche, mais en marche arrière

Dans un café, un homme n'arrête pas de rouspéter sur tout : sur Macron, sur l'incompétence de Le Maire, sur l'inefficacité d'Attal, sur les gaffes de Darmanin, etc.

à MÉDITER

Le soutien-gorge rembourré.

Oui, mais le vin aussi.

À la fin, le barman, excédé, lui dit :

— Mon vieux, je ne vois qu'une solution, allez vous plaindre à votre député Renaissance.

— Mais, répond l'homme, vous ne comprenez pas ma situation ? C'est moi le député Renaissance !

Tromperies

Une femme est convaincue que son mari couche avec la bonne. Un jour, elle donne congé à la bonne pour le week-end, sans en informer son époux.

Cette nuit-là, quand ils vont au lit, le mari lui dit :

— Excuse-moi, chérie, j'ai des maux de ventre.

Et il s'en va aux toilettes. La femme entre furtivement dans la chambre de la bonne, se glisse dans son lit et éteint la lumière.

Le mari arrive en silence et, sans perdre de temps, ils commencent à faire l'amour. Après avoir fini, la femme s'écrie :

— Sûrement que tu ne t'attendais pas à me voir dans ce lit, n'est-ce pas ?

Et elle allume la lampe.

— Non, madame, répond le jardinier.

Absurde

— J'attends un enfant.

— Depuis combien de temps ?

— Trois mois

— À mon avis, il ne viendra plus.

à MéDiTeR

Avant, pour connaître le taux d'illettrés et d'analphabètes en France, il y avait le service militaire. Maintenant, il y a Facebook.

Masque de fer

Deux ados discutent durant le cours de littérature :

— Si ça se trouve, le Masque de fer, c'était juste un type un peu parano à cause de la Covid… et très en avance sur son temps.

Accouchement en Belgique

Un Belge appelle les urgences :

— Allô, ma femme va accoucher.

— Bonjour, c'est son premier enfant ?

— Non, c'est son mari.

L'ignorance

Un homme demande à un ami :

— Ça te fait quoi de vivre dans l'ignorance ?

— Je ne sais pas.

Perles de Donald Trump

« Je pourrais me tenir en plein milieu de la Cinquième Avenue, tirer sur quelqu'un et ne pas perdre un électeur.
C'est incroyable ! »

Les citations les plus drôles

« Il n'y a rien de pire après une nuit alcoolisée que de se réveiller aux côtés de quelqu'un et de ne pas se rappeler son nom. Ni comment on l'a rencontré, ni pourquoi il est mort. »

Madame Connasse

Maquillage

Une femme demande à son époux :

— Ça va mon maquillage, là ?

— Non. On te voit encore un peu.

Témoignage

« C'est dingue le nombre de malpolis qui te parlent à table alors que tu es en train de regarder ton téléphone. »

Viré !

Un patron hurle sur un employé :

— Vous êtes viré !

— Mais pourquoi ?

— Parce que vous ne comprenez jamais rien.

— Mais est-ce que je pourrai continuer à travailler ici ?

à MÉDITER

Il est plus facile de larguer les amarres quand la mer est belle que de larguer la belle-mère quand on en a marre.

Une bonne et une mauvaise nouvelle

— J'ai une bonne et une mauvaise nouvelle.

— Vas-y, je t'écoute.

— La bonne c'est que j'ai laissé tomber la drogue…

— Et la mauvaise ?

— La mauvaise, c'est que je ne sais pas où…

Pauvres de nous !

Une femme reproche à son époux :

— Si j'avais su que tu étais si pauvre, je ne serais jamais sortie avec toi !

— Bah, je t'avais avertie !

— Mais quand ça ?

— Je t'ai toujours dit que tu étais tout ce que j'ai.

C'est scientifique

Une étude scientifique confirme qu'une bière fraîche vous donne assez d'énergie pour en boire une autre.

Le gendarme de Saint-Estèphe

Un gendarme demande à un automobiliste de souffler dans un alcootest, mais ce dernier refuse :

— Pas question ! Je n'ai aucune raison de faire ça.

Le gendarme emploie alors la menace :

— Bon, je compte jusqu'à trois et je le fais à votre place ! Et là, vous allez perdre au moins six points !

Le Saviez-vous ?

Boire du thé stimule la mémoire. On se souvient des choses comme si c'est théière !

LA CULTURE, C'EST CE QUI RESTE QUAND ON A TOUT OUBLIÉ.
Ranson

Sacrée Angela

Angela Merkel, l'ex-chancelière allemande, est en voyage privé en France. Dans la file pour prendre un taxi à l'aéroport d'Orly, elle entend devant elle une femme monter dans un taxi en annonçant au chauffeur : « Madeleine ! »

Alors, quand vient son tour, elle se penche vers le chauffeur de taxi et lui dit : « Angela ! »

Super service

Un homme dans un magasin de vêtements :

— J'aimais bien le pull que votre charmante vendeuse m'a montré.

— Vous voulez l'enfiler dans la cabine ?

— C'est vrai, je peux ?

Tu vas et tu viens

Une jeune femme susurre à l'oreille de son mari :

— Attends que ce soit chaud et humide. Tu appuies là, légèrement. Tu vas et viens. Tu vas et viens… Tu vois chéri, le repassage, c'est sympa !

Plus Saint-Germain

Deux amis discutent dans un bar :

— T'as vu, Mbappé quitte le PSG !

— C'est à cause d'Anne Hidalgo avec sa loi sur les SUV, elle vient de faire fuir notre plus grand footballeur de Paris ! Même pour lui, le stationnement devenait trop cher !

La différence

En quoi la Russie de Poutine diffère-t-elle de la Russie soviétique ?

Le parti communiste de l'Union soviétique était un peu comme une grande entreprise qui contrôlait tout. Depuis Vladimir Poutine, c'est plutôt une entreprise individuelle.

Une bonne moisson

— C'est bon, demande une agricultrice à son époux, t'as passé la moissonneuse-batteuse dans le champ de blé ?

— Oui, Germaine.

— La moisson a été bonne ?

— Oh, oui ! J'ai récolté 900 kilos de grain, 50 balles de foin et 3 couples en train de faire une partie de jambes en l'air dans le pré !

Témoignage

« J'ai été diagnostiqué HDMI, je vais péter un câble »

C'est grave, docteur ?

— C'est grave ce que j'ai, docteur ?

— Putain ! Putain ! Arrêtez l'autopsie !

Proverbe

« Tous les êtres humains sont bons. »

Proverbe cannibale

Ça fait peur

Un djihadiste, armé jusqu'aux dents, entre dans un bus et hurle :

— Les mains en l'air !

Toto se lève et lui dit :

— Putain, tu m'as fait peur, j'ai cru que c'était les contrôleurs !

Carence en fer

Un homme dit à sa femme :

— Toi, tu manques de fer en ce moment.

— Ah bon ? Tu trouves que j'ai l'air fatiguée ?

— Non, mais mes chemises sont froissées !

FLASH INFO

« L'affaire du vol de la console a été classée sans Switch. »

Mal aux fesses !

Un homme va voir son proctologue et lui demande :

— C'est grave, docteur ?

— Oui, ce n'est pas beau à voir : lacérations anales multiples, hémorroïdes aiguës. Ça fait longtemps que vous votez Macron ?

Un hôtel qui a du chien

Dans le lobby d'un hôtel, un couple se dispute :

— T'es vraiment trop bête ! hurle la femme. Je t'avais dit de vérifier que l'hôtel acceptait bien les chiens !

— Mais chérie, il y avait marqué « HÔTEL SPA » !

L'inflation

Un homme confie à un ami :

— Le coût de la vie a tellement augmenté que ma femme recommence à faire l'amour avec moi à cause du prix des piles.

Les juges

Deux juges d'instruction sont au bar en train de picoler. Ivre mort, l'un des juges se vomit dessus. Son collègue lui dit :

— Toi, tu vas encore te faire engueuler par ta femme ! En plus, je la connais, elle n'est pas facile !

— Non, laisse tomber, je vais lui raconter un bobard. Fais-moi confiance.

Le lendemain, au petit déjeuner, sa femme lui dit :

— Dis donc ! T'étais drôlement bourré hier soir, tu t'es encore vomi dessus.

— Non, chérie, répond le juge, c'est un prévenu qui m'a dégueulé dessus. D'ailleurs, je l'ai mis en taule pour un mois.

— Bah, répond sa femme, tu peux lui mettre un mois de plus parce qu'il a aussi chié dans ton pantalon !

C'est grave, docteur ?

Bigard va consulter son médecin :

— Docteur, c'est grave ?

— Écoutez, je n'ai jamais vu ça !

— C'est-à-dire ?

— D'après les résultats de vos analyses, vous êtes une bière…

MONSIEUR MÉLENCHON, EST-CE QUE...
TA GUEULE, ESPÈCE D'ISLAMOPHOBE ET DE FANATIQUE VENDU AU LIKOUD !
PRESSE
Ranson

This is the end

Un homme demande à sa femme :

— Chérie, tu vas me quitter, je le sens.

— Et voilà, toujours à gâcher les surprises.

Devinette à la con

Quel est l'instrument de musique le plus attachant ?

Le trombone.

Témoignage

« Je vais porter plainte contre mes kilos en trop pour rassemblement non autorisé. »

De rechange

Une jeune ado appelle son papa :

— Papa, j'ai besoin de ton aide. J'ai un pneu crevé.

— Ton copain ne peut pas t'aider ?

— Je l'ai appelé, mais il est vraiment occupé.

— OK, t'en as un de rechange ?

— Je l'ai appelé aussi, mais il n'a pas répondu.

Le bel âge

Une petite fille dit à sa grand-mère :

— Alors mamie ? Joyeux anniversaire. 69 aujourd'hui ?

— Non, répond la mamie. Pas aujourd'hui, ton grand-père s'est bloqué le dos ce matin en jardinant.

Le Saviez-vous ?

Criblé de dettes, Napoléon est mort à Cetelem.

Casser la pipe

Le petit Noé rentre de l'école et court vers son papi, assis dans un fauteuil en train de fumer la pipe.

Le grand-père lui demande affectueusement si sa journée a été bonne et le prend dans ses bras. C'est alors que Noé entre dans une colère monstrueuse et arrache la pipe de son papi avant de la jeter violemment au sol où elle se brise en mille morceaux.

Le grand-père, consterné, lui demande :

— Mais enfin, Noé, qu'est-ce qu'il t'a pris ? Tu devrais avoir honte de toi !

— Faut pas m'en vouloir, papi, répond l'enfant, mais ce matin papa et maman parlaient ensemble et je les ai entendus dire : « Dès que le vieux cassera sa pipe, on achètera une nouvelle voiture et on emmènera le gosse à Disneyland. »

Un homme déconstruit

Un ami demande au mari de Sandrine Rousseau :

— Tu fais toujours ce que ta femme te demande ?

— Non.

— Ah, enfin un mec qui a des couilles !

— Non, non, c'est juste que je n'ai pas le temps de tout faire !

La parole de Dieu

Un condamné à mort attend l'heure de son exécution.

Le prêtre arrive dans sa cellule.

— Mon fils, j'apporte la parole de Dieu pour toi.

— Vous perdez votre temps, mon père. Dans un petit moment, je vais pouvoir lui parler personnellement. Avez-vous un message à lui transmettre ?

Bip, bip

Un homme demande à son garagiste :

— Ma voiture n'arrête pas de biper quand je me gare, j'ai peur qu'elle ait la maladie de parking sonne.

Le point commun

Quel est le point commun entre un député du Rassemblement national et un spermatozoïde ?

Tous les deux ont 1 chance sur 3 millions de devenir, un jour, un être humain.

Beurk

Une jeune femme dit à son amant :

— Oh chéri, je crois que j'ai avalé ton chewing-gum en t'embrassant.

— Non, ma chérie, je suis juste très enrhumé.

Bonne résolution

Le président du Sénat, Gérard Larcher, est en train de rouler une cigarette. Un ami lui demande :

— Bah alors, Gérard, tu veux faire des économies ?

— Non, répond Larcher, c'est mon médecin qui m'a conseillé de faire un peu d'exercice.

Témoignage

« J'ai pris mon ex sous mon aile. Heureusement, la bagnole n'a rien. »

C'est le comble !

Quel est le comble pour le prince Harry ?

Pouvoir rouler en Rolls-Royce et avoir tout abandonné pour rentrer dans une Meghan.

Flop chef

Une femme dit à son mari :

— Chéri, devine ce que je vais cuisiner pour le déjeuner ?

— Je n'arrive déjà pas à deviner une fois que c'est servi, alors avant, encore moins !

VOUS AVEZ SUBI UNE AGRESSION SEXUELLE EN 1998? MAIS POURQUOI NE VENEZ-VOUS QU'AUJOURD'HUI DÉPOSER PLAINTE ALORS?
VOUS CROYEZ QUE C'EST FACILE?
Ranson

Parole de sage

Si jamais tu es enfermé dehors, parle calmement avec ta serrure. La communication, c'est la clé !

Quel bon fils !

Une maman raconte à une amie :

Hier, je préparais le dîner et mon fils s'est approché de moi et m'a dit :

— « Maman, un jour je travaillerai et je t'aiderai pour la nourriture et pour les dépenses de la maison. » J'en ai eu les larmes aux yeux. Il va bientôt avoir 32 ans…

Une photo souvenir

Un homme appelle son ex :

— Allô, c'est moi !

— Tiens, justement, j'étais en train de penser à toi devant ta photo, fixée au mur.

— Oh, ma chérie…

— Zut ! Ma fléchette a encore raté la cible !

C'est une bonne question

En Alsace, est-ce que les flammekueches le premier soir ?

Journée du patrimoine

Isabelle Balkany demande à son mari :

— On fait quoi, cette année, pour les Journées du patrimoine ?

— Rien, répond Patrick Balkany, de toute façon on nous a tout saisi !

Les citations les plus drôles

« Il y a un proverbe chinois qui ne dit rien.
Il m'arrive de le citer quand
je n'ai rien à dire. »

Philippe Geluck

Devinette à la con

Que font deux brosses à dents chaque 14 Juillet ?

Un feu dentifrice.

Beurk

Une instagrameuse raconte à une amie :

— Je vais chez le médecin pour un bouchon d'oreille, et là, qu'est-ce que j'apprends ? Qu'on a de la chair humaine dans les oreilles !

Pire que les punaises de lit !

— Ça existe, les punaises de slip, tu crois ?

— Euh, non, pourquoi ?

— Non pour rien, j'ai des morpions alors.

Permission de sortie

Un ado demande à sa mère :

— Maman, je voudrais aller à une fête, samedi soir.

— C'est pour aller fumer de la drogue ?

— Bien sûr que non !

— Boire de l'alcool ?

— Mais non !

— Tu ne vas pas coucher non plus ?

— Non, maman !

— Bon, mais alors pourquoi tu sors ?

Témoignage

« Ma grand-mère a fumé jusqu'à l'âge de 93 ans.
Elle allait tous les soirs au bar et buvait une dizaine de bières.
Elle mangeait son entrecôte-frites tous les midis.
On a dû la tuer, elle nous coûtait trop cher. »

Les citations les plus drôles

« Ne nous prenons pas au sérieux.
Il n'y aura aucun survivant. »

Alphonse Allais

Ça explique tout

Au matin du sixième jour, Dieu se tourne vers les anges et leur dit :

— Aujourd'hui, je vais créer un pays appelé Israël. Ce sera un territoire avec des plages de rêve, des montagnes majestueuses, des lacs sublimes, un climat paradisiaque, des forêts luxuriantes. Ce sera un pays riche et prospère.

— Mais, mon Dieu, l'interrompt un ange, vous ne pensez pas être trop généreux envers les Israéliens ?

— Non, répond Dieu, attends de voir les voisins que je vais leur donner !

La voie de bus

Un policier arrête une blonde en voiture :

— Mademoiselle, vous avez pris une voie de bus.

— Ça m'étonnerait, répond la blonde, je suis nulle en imitations.

FLASH INFO

« Encore une alerte à la bonde chez un fabricant de lavabos. »

Témoignage de Dany Brillant

« J'ai perdu la tête depuis que j'ai vu Suzette ! Heureusement que je n'ai pas vu Brigitte. »

Les parapluies de Cherbourg

Un homme, qui a vécu à Marseille depuis sa naissance, trouve un nouveau travail à Cherbourg.

Le premier jour, il pleut. Le deuxième jour, il pleut. Le troisième jour, il pleut.

Au bout d'une semaine, en se rendant au bureau, à l'abri sous son parapluie, le Marseillais interroge un passant :

— Est-ce que parfois la pluie s'arrête dans cette région ?

— Aucune idée, répond l'homme, je ne vis ici que depuis dix ans.

Devinette à la con

Qu'est-ce qu'un fleuriste qui n'a pas le temps ?

C'est un fleuriste over-bouquet.

Le saviez-vous ?

La seule fois où Emmanuel Macron a fait une erreur, c'est quand il a cru qu'il s'était trompé.

ON VA RÉFORMER L'ASSURANCE CHÔMAGE, SI LES GENS CONCERNÉS GAGNENT MOINS ÇA LES INCITERA À TRAVAILLER PLUS.
MAIS OÙ VAS-TU CHERCHER TOUT ÇA?!
Ranson

Chers voisins

Un homme dit à sa femme :

— C'est désagréable, par cette fenêtre les voisins voient tout ce qui se passe chez nous. J'ai bien envie de la faire murer.

— Vraiment ? demande sa femme. Et comment ferons-nous pour savoir ce qui se passe chez eux ?

Ceci est un communiqué du gouvernement

« Pour que les athlètes puissent nager dans la Seine, merci aux Parisiens de ne plus utiliser la chasse d'eau à partir de fin juin et de privilégier les couches. »

La différence

Quelle est la différence entre les mesures du gouvernement pour relancer l'économie et un clou ?

Aucune, tous deux sont destinés à se planter.

à MéDiTeR

Les cougars n'ont pas besoin d'un prétexte religieux pour pratiquer le jeune.

Les citations les plus drôles

« Ne jamais faire confiance à un mari quand il est loin et à un célibataire quand il est près. »

Helen Rowland

Ça, c'est du service !

Un Afghan avec une grosse barbe et une djellaba est assis à côté d'un Français au cours d'un vol Kaboul-Paris.

Après le décollage, l'hôtesse commence à servir des boissons aux passagers.

Le Français demande une coupe de champagne.

Après l'avoir servi, l'hôtesse demande à l'Afghan s'il en désire également une.

Réponse de celui-ci, offensé :

— Je préfère être violé par dix prostituées que de laisser une seule goutte d'alcool toucher mes lèvres.

Le Français, en s'étouffant, rend rapidement sa coupe de champagne à l'hôtesse et lui dit :

— Moi aussi, je préfère. Je ne savais pas qu'on pouvait choisir cette option !

Témoignage

« Après avoir gagné la partie, j'ai envoyé le ballon dans le public. Apparemment, ça n'est pas toléré au bowling. »

Un vrai patriote

Deux alcoolos discutent dans un bar :

— Parfois, je pense sérieusement à arrêter le vin.

— Ah bon ?

— Puis je me souviens que des viticulteurs et leurs familles comptent sur moi.

Énigme

Quelle est la plante qu'on n'arrose jamais et qu'on écrase sans qu'elle ne s'abîme ?

La plante des pieds.

On va dans le mur

Olaf Scholz, le chancelier allemand, rencontre Donald Trump à la Maison-Blanche. Trump s'approche de lui et lui dit :

— Je ne comprends pas pourquoi vous avez construit un mur à Berlin. C'est complètement idiot, vous n'avez même pas de frontières avec le Mexique.

Sextoys moderne

— Voici ce que nous avons de plus proche de l'homme comme modèle de vibromasseur, dit une vendeuse de sex-shop à sa cliente. Après l'avoir utilisé, vous pouvez vous en servir comme briquet pour allumer une cigarette. Après quoi, il se met automatiquement à ronfler !

Plaidoirire

Un avocat plaide devant la cour :

— Monsieur le président, mon client est diabétique, lui sucrer son permis lui serait fatal !

Parole de sage

Je m'en fous de savoir s'il y a une vie après la mort. Je veux savoir s'il y a du vin.

Chez Casino

Un homme raconte à un ami :

— J'arrive du magasin Casino. J'ai demandé au caissier si je pouvais payer par carte et il m'a répondu :

— Oui, bien sûr. Quelle carte avez-vous ?

J'ai répondu :

— Le 3 de trèfle.

Témoignage

« Plus jeune, j'aurais tellement aimé pouvoir lire dans les pensées des gens. Mais finalement, les réseaux sociaux ont prouvé à quel point ce pouvoir est nase. »

Le congrès des nymphomanes

Louis Dupont, de Limoges, part en vacances à Ibiza. Il est bien installé dans l'avion à la place qu'il avait réservée par Internet. La plus jolie femme qu'il ait jamais vue vient s'asseoir près de lui. Il est nerveux et tente d'engager la conversation, juste après le décollage.

— Où allez-vous ?

— Au congrès des nymphomanes d'Ibiza.

Louis sent le rythme de son pouls s'accélérer. Il est assis à côté d'une magnifique femme qui se rend à un rassemblement de nymphomanes.

— Et que ferez-vous à ce congrès ?

— Eh bien, nous allons tenter de répondre à de vieilles questions sur la sexualité. Nous allons discuter de vieux mythes populaires.

— Par exemple ?

— On dit, par exemple, que les hommes africains ont de plus gros sexes que les Blancs. Autre chose, les Français ont une réputation de romantiques. Et les statistiques nous prouvent que les Juifs sont d'excellents amants.

La femme rougit et s'excuse, s'apercevant qu'elle parle aussi librement à un inconnu :

— Excusez-moi, monsieur, c'est très embarrassant ce que je viens de vous dire. Nous ne nous sommes même pas présentés. Je m'appelle Lolita Thompson.

— Enchanté, répond Louis. Moi, c'est Babakar-Louis-Moïse Goldstein.

Formule de politesse

Une femme est en train de lire ses mails. Tout à coup, elle lance à son mari un regard soupçonneux :

— Je suis en train de lire un message de ma mère. Elle dit qu'elle ne peut pas accepter notre invitation à venir passer quelques jours ici, à la maison... Elle dit qu'elle a l'impression qu'on ne veut pas vraiment d'elle. Peut-être peux-tu m'expliquer ce qu'elle veut dire par là ? Je t'avais dit de lui envoyer un petit message pour lui dire qu'elle pouvait passer à sa convenance. Qu'est-ce que tu lui as écrit ?

— Ben... Heu... C'est-à-dire que... Voilà, en fait, je ne savais pas comment écrire « à votre convenance », alors j'ai remplacé cette formule par « à vos risques et périls ».

Piqûre antibritannique

Dans une usine, un mécanicien au doigt écorché vient trouver l'infirmière à laquelle il demande :

— Faites-moi vite une piqûre antibritannique.

— Vous voulez sans doute dire une piqûre antitétanique ?

— Non, je dis bien antibritannique.

— Et pourquoi ça ?

— Parce que je me suis blessé avec une clé anglaise !

Témoignage

« J'ai beaucoup voyagé ces dernières années. Je suis parti en couille, en vrille. Je me suis même rendu à l'évidence. L'année prochaine, j'envisage de partir en théorie. »

C'est du lourd

Deux amis discutent de l'actu :

— J'ai lu dans le journal que 43 % des militaires seraient en surpoids.

— Les armes lourdes dont on dispose a priori, ce sont juste nos militaires.

NOUS, ON EST DE VRAIS GAULOIS !
AH ?! AVEC NOS AUTEURS NÉS À L'ÉTRANGER, JE PENSAIS QU'ON ÉTAIT DES FRANÇAIS DE PAPIER.
Lanson

Le prénom Ève

Une amie demande à une toute jeune grand-mère :

— Il paraît que ta petite-fille s'appelle Ève…

— Ah oui ? C'est encore une idée farfelue de ma belle-fille !

— Pourquoi dis-tu cela ? C'est mignon comme prénom.

— Mignon ? C'est quand même le prénom d'une femme qui s'est laissée draguer puis baiser par le premier venu !

Un rêve étrange

Une jeune fille dit à un garçon :

— Tu sais, cette nuit, j'ai rêvé de toi : on était nus sur une plage, on buvait un jus de fruits, et…

— Un jus de fruits ? C'était pas moi !

RIP

Deux amis se croisent dans la rue :

— T'as vu, Maradona est mort.

— Oui, j'ai lu ça.

— Quand on pense qu'il est mort et que les Rolling Stones sont toujours en vie. Ça prouve bien que le problème, c'est le sport, pas la drogue.

Devinette

Comment appelle-t-on un vieux bonhomme de neige ?

Un verre d'eau.

Le malheur est dans pré

Deux amis discutent de la crise agricole.

— Il faut absolument trouver des médiateurs, il faut que Gabriel Attal appelle les époux Balkany pour négocier avec les céréaliers…

— Pourquoi eux ?

— Parce qu'eux aussi ont fauché du blé pendant des années.

FLASH INFO PEOPLE

« Le chanteur Renaud s'est marié cet été. Le voyage de noces est déjà prévu. Ce sera un périple entre Bordeaux, Cognac, le Calvados et il se terminera à Nice. »

Devinette à la con

Que dit un agriculteur qui a un grand projet ?

Céréalisable.

L'heure des (pas) pros

Deux amis discutent :

— Je ne supporte plus les infos. C'est insupportable, tout le monde donne son avis sur absolument tout sans y connaître quoi que ce soit.

— C'est vrai ! La France est devenue une grande réunion de copros.

Contrôle douanier

Lors d'un contrôle, un brigadier des douanes volantes fouille la camionnette d'un agriculteur et découvre des tas de sachets d'héroïne.

— Ah ! Ah ! Et ça ? C'est peut-être pour nourrir vos lapins ?

— Parfaitement, répond le paysan. Je ne sais pas comment vous l'avez deviné, mais c'est bien pour nourrir mes lapins.

— Vous vous moquez de moi ! Les lapins, ça ne peut pas manger ça. Ils en crèveraient !

— Eh bien ! Qu'ils crèvent… ils n'auront rien d'autre !

Témoignage

« La claustrophobie est la peur des endroits fermés. Par exemple, quand je vais au bistrot, j'ai peur qu'il soit fermé ! »

Quel tombeur !

Un homme raconte à un ami :

— Hier, six femmes m'ont invité à sortir.

— Oh, la chance… mais comment tu fais ?

— Je me suis trompé de toilettes au restaurant.

à méditer

Il est plus facile de convaincre la FNSEA de lâcher le glyphosate qu'un préado sa tablette.

LE GARDE DES SCEAUX

Préférence nationale

Un militant du Rassemblement national apostrophe un homme :

— Les étrangers volent notre travail !

— Ah bon ? répond l'homme. Si un mec sans contact, sans argent, sans expérience et qui ne parle même pas la langue du pays arrive à vous piquer votre travail, c'est que vous devez vraiment être nul dans ce que vous faites !

à MéDiTeR

Les champignons n'ont pas de sexe. L'inverse n'est pas toujours vrai…

Témoignage

« J'ai un corps d'Apolochon. C'est presque comme un corps d'Apollon, mais en bien plus moelleux. »

Mon top 50

Un homme très jaloux dit à la femme dont il est follement amoureux :

— Je suis sûr qu'il y a un autre homme dans ta vie. Assure-moi au moins que c'est avec moi que tu préfères faire l'amour.

— C'est difficile de choisir entre plusieurs amants, répond-elle, disons que tu figures honorablement dans le top 50.

Mot de passe

Un homme demande à sa femme :

— Chéri, c'est quoi le mot de passe de l'ordinateur ?

— C'est la date de notre rencontre.

— Putain, tu l'as fait exprès.

à méditer

Quand j'étais jeune, j'étais pauvre. Mais après des années de travail acharné, honnête et minutieux, je ne suis plus jeune.

Primaire de la droite

Deux militants républicains discutent dans un bistrot :

— T'en penses quoi de l'idée de faire des primaires pour choisir notre candidat ?

— Bof, répond l'autre. Réunir autant de Français nuls pour choisir le nul qui va perdre, c'est pas une primaire, c'est l'Eurovision.

Devinette

Comment appelle-t-on un jour ensoleillé qui arrive après deux jours de pluie ?

Le lundi.

Publicité

« Mesdemoiselles, vous voulez avoir une forte poitrine ? Mangez du bourre-seins ! »

M. et Mme

M. et Mme Balkany ont un fisc.

Être au fond du trou

Nicolas Sarkozy tombe dans un trou et n'arrive pas à en ressortir. Il hurle pour demander de l'aide :

— Au secours ! Aidez-moi ! Il y a quelqu'un ?!

Un ange descend et lui dit :

— Je te sauve à trois conditions : tu arrêtes de mentir et, comme promis, tu arrêtes définitivement la politique et les arnaques.

Sarkozy réfléchit quelques instants et hurle :

— Il y a quelqu'un d'autre ?!

FLASH INFO

« En Normandie, un enfant qui jouait à "un, deux, trois, soleil" n'a pas bougé depuis vingt-huit jours. »

La plus belle des mamans

Un jeune garçon raconte à sa mère :

— Maman, l'autre jour à l'école, on a fait le concours des plus belles mamans.

— Ah ! Et je suis arrivée à quelle place ?

— Je ne sais pas, on n'a pas parlé de toi.

Emploi fictif

Le juge interroge François Fillon :

— Monsieur Fillon, vous avez payé votre femme 8 000 euros par mois…

— Oui, mais elle s'occupait de mon courrier et de mon agenda.

— C'est tout ?

— Et elle me conseillait.

— Oui, mais encore ?

— Elle me coiffait également les sourcils !

— Ah, répond le juge, alors c'est bon, ce n'est pas un emploi fictif.

Partage de connexion

Devant un ordinateur, une petite fille dit à son père :

— Papa ! Il faudrait que tu expliques à ta copine Groslolos75 que tu m'as passé l'ordinateur pour que je fasse mes devoirs en ligne !

Le tour du monde en ballon

Dans une montgolfière, un Anglais, un Français et un Italien sont complètement perdus. Le ballon dérive depuis des heures dans un épais brouillard. L'Anglais décide alors de passer son bras par-dessous la nacelle pour essayer de se repérer :

— On doit être au-dessus de Londres, je viens de toucher l'aiguille de Big Ben !

Peu après, le Français fait de même.

— Non, on doit être à Paris, j'ai touché le haut de la tour Eiffel.

Quelque temps plus tard, l'Italien fait de même.

— On doit être à Naples… On vient de me piquer ma montre.

Les citations les plus drôles

« Le rossignol est 100 % fidèle à sa compagne, qui est enfermée dans la même cage que lui. »

Will Cuppy

C'est une bonne question

Ça grandit jusqu'à quel âge un réservoir d'essence ?

Parce que l'an dernier je mettais 50 euros et là j'en suis à 80 euros !

Publicité

« Tu veux t'envoyer en l'air ?

Achète-toi un trampoline. »

HARCELÉ ?! TU ES HARCELÉ ?
POURQUOI ME RACONTES-TU ÇA ?! TU CROIS QU'IL N'Y A PAS ASSEZ DE PROFS EN DÉPRESSION ?!
Ranson

Pas de temps à perdre

Un homme et sa femme arrivent chez le dentiste. L'homme dit au praticien :

— Écoutez, je suis vraiment pressé. J'ai deux amis dans ma voiture qui nous attendent pour aller jouer au golf. Alors, vous oubliez l'anesthésie et vous arrachez juste la dent. Nous avons loué le parcours pour 10 heures et il est déjà 9 heures et demie. Je n'ai pas le temps d'attendre que l'anesthésie fasse son effet.

Le dentiste n'en revient pas de voir un homme si courageux et lui demande quelle est la dent à arracher. L'homme se tourne vers sa femme et lui dit :

— Vas-y, chérie, ouvre la bouche et montre au docteur !

Le deal

Quelques jours avant la cérémonie de mariage, le futur époux va voir le curé :

— Voici 500 euros. En échange, pendant la cérémonie, je souhaiterais que vous oubliiez le passage où je promets d'être fidèle.

Le curé empoche le billet sans rien dire. Le futur marié, satisfait, quitte l'église. Mais le jour du mariage, le curé se tourne vers le marié :

— Promettez-vous de vous incliner devant votre épouse, d'obéir à chacun de ses ordres et de ne jamais regarder une autre femme ?

Abasourdi, l'homme balbutie :

— Oui, je le veux.

Puis, il se penche vers le prêtre et lui dit à l'oreille :

— Je pensais que nous avions un accord !

Et le curé de répondre :

— Votre femme m'a fait une bien meilleure offre !

Sondage en Russie

Vladimir Poutine vient de proposer ce référendum à son peuple :

« N'êtes-vous pas contre la politique de Vladimir Poutine ? Cochez "non, pas contre" ou bien "oui, pas contre". »

Dragueur de merde

Un dragueur lourd susurre à l'oreille d'une fille :

— Dis-moi, ma belle, qu'aimerais-tu qu'on te fasse ?

— Des virements bancaires…

Quel âge ?

— T'as quel âge ?

— Tu me donnes combien ?

— Dis-moi d'abord ton âge.

Cancer du cerveau

Un homme dit à sa femme :

— J'ai un cancer du cerveau ! Je vais mourir !

— Arrête un peu de dramatiser… Le médecin a juste dit « grain de beauté sur le pénis ».

Mets-moi des paillettes dans ma vie

Une femme fait des reproches à son mari :

— Tu m'as dit que tu passerais toute ta vie à me rendre heureuse !

— C'est vrai, mais je ne savais pas que tu allais vivre aussi longtemps !

La différence

Quelle est la différence entre l'Union européenne et le Titanic ?

Le Titanic, lui, au moins, il a coulé avec les lumières encore allumées.

Joyeux Noël !

— Tu m'as offert quoi pour Noël ?

— Rien, et toi ?

— Rien non plus.

— Tu vois… on a les mêmes goûts.

Pour avoir de la visite

Toute la famille est réunie et a organisé une belle réception pour la grand-mère qui fête ses 99 ans.

Ses petits-enfants lui demandent :

— Grand-mère, as-tu encore un vœu ?

— Oui, à ma mort je voudrais être incinérée.

— C'est triste de parler de ta mort, mais c'est promis, nous organiserons de belles obsèques. Tu n'as vraiment pas un autre vœu ?

— Non, j'ai déjà tout, j'ai fait de beaux voyages, j'ai eu de beaux enfants, une jolie maison, j'ai assez d'argent pour manger tous les jours… Non, vraiment, je n'ai besoin de rien.

— Mais nous voudrions tellement faire quelque chose de spécial pour toi.

— Bon, une toute petite chose alors... lorsque j'aurai été incinérée, vous répandrez mes cendres sur le parking du centre commercial.

— Du centre commercial, grand-mère ? Pourquoi ?

— Oui, ainsi au moins, je suis sûre que vous passerez me voir deux fois par semaine.

La nouvelle vie d'Olivier Véran

Deux amis discutent de l'actu :

— J'ai lu qu'Olivier Véran va reprendre ses études pour devenir médecin esthétique.

— Il n'était pas neurologue ?

— Si ! Son passage en politique lui a appris à choisir entre sauver des vies et sauver les apparences.

Confession Royal

Ségolène Royal vient prendre place dans un confessionnal. Elle se penche à la grille du parloir et commence :

— Pardonnez-moi, mon père, parce que j'ai péché.

— Allez-y, mon enfant, parlez. Quels péchés avez-vous commis ?

— Mon père, j'ai commis le péché de vanité. Deux fois par jour, je me contemple devant le miroir en me disant que je suis une femme particulièrement belle et brillante.

À ce moment-là, le curé se penche à la grille et l'observe longuement, puis il lui dit :

— Mon enfant, j'ai une bonne nouvelle pour vous : ce n'est pas un péché, c'est simplement une erreur !

Régime miracle

— Mon mari est très jaloux, raconte une femme à sa meilleure amie. Au moins trois fois par an, j'entame un régime amaigrissant et, à chaque fois, il pense que c'est parce que j'ai pris un nouvel amant, mais il se trompe !

— En pensant que tu ne lui es pas fidèle ?

— Non, quand il s'imagine que je vais maigrir !

Drague ratée

Deux amis discutent :

— Tu en fais une tête !

— M'en parle pas ! Ce week-end, j'ai créé un faux compte Facebook et j'ai dragué ma femme.

— Et alors ?

— Et alors, elle m'a dit que son mari était mort depuis trois ans !

ON PARLE DE PLUS EN PLUS DE CES FEMMES SE DISANT « SAPIOSEXUELLES ».
NE T'INQUIÈTE PAS, JE N'EN FAIS PAS PARTIE...
Ranson

Nabillass

Nabilla discute avec une copine qui lui dit :

— T'as de la chance, t'as de super jolies fesses.

— Oui, répond Nabilla, les fées se sont penchées sur mon verso.

En vrille

— Tu pars où ?

— Je pars en vrille…

— Pourquoi ?

— Parce que c'est le mois de fait vriller…

Blague à la con

Que font deux dinosaures qui n'arrivent pas à se décider ?

Un tirajosaure !

Circuit court

L'avantage d'être chinois, c'est que t'achètes local tout le temps et partout dans le monde.

Wish

— Je viens de recevoir un test Covid commandé sur Wish.

— Et alors ?

— Je suis enceinte !

C'est symbolique

Jésus s'adresse à ses disciples et leur dit :

— Prenez, ceci est mon corps !

— Non, c'est du pain.

— Tu es lourd, Pierre, c'est symbolique !

— Non, c'est du pain !

Film d'horreur

Au lit, une femme dit à son époux :

— Tu te couches bien tard.

— J'ai regardé un film d'horreur.

— C'était quoi ?

— La vidéo de notre mariage !

Beaucoup d'ambition

Deux grands-mères juives se croisent au parc Monceau à Paris et vont s'asseoir sur un banc.

— Oye, je suis bien fatiguée, dit Sarah.

— Ah, qu'est-ce qu'il y a encore ? demande Rébecca.

— Eh bien, c'est Jakob qui fait ses dents alors, je n'ai pas dormi.

— Jakob, tu veux dire le futur pianiste ?

— Mais non, le futur chirurgien.

Le courage, c'est ça !

Une femme attend son mari, en colère, dans la cuisine :

— Je suppose que tu dois avoir une très bonne raison pour rentrer bourré à 6 heures du matin ?

— Euh, ouais, le petit déjeuner !

Possédé

Un homme se rend à l'église et demande au curé :

— Mon père, tous les jours j'entends une voix qui me dit ce que je dois faire. Pensez-vous que je suis possédé ?

— Non, mon fils… Tu es marié !

Témoignage

« J'ai pris un café allongé,
je m'en suis foutu
partout. »

LOL

Une femme confie à une amie :

— Parfois, mon copain me dit : « Je vais te faire l'amour toute la nuit. » Avoir un mec qui te fait rire, c'est important.

La croisière ne s'amuse pas

Deux copines se rencontrent et en profitent pour papoter.

— Alors, dis-moi, la dernière fois que nous nous sommes rencontrées, tu étais sur le point de partir en croisière sur le yacht de ton mec. Comment ça s'est passé ?

— Ne m'en parle pas ! Non seulement le bateau était petit, mais c'était toujours moi qui devais ramer.

Ça ne se fait pas

Un homme demande à une femme :

— Quel âge as-tu ?

— On ne demande pas son âge à une femme !

— OK, désolé… Et tu pèses combien ?

— J'ai 45 ans…

Baiser volé

Un jeune garçon dit à l'un de ses camarades :

— T'as un bel œil au beurre noir ! Qui t'a fait ça ?

— C'est ma copine ! Tout ça à cause d'un baiser.

— Elle t'a frappé parce que tu tentais de lui voler un baiser ?

— Pas à elle, à sa sœur.

Un lait à se damner

La mère supérieure d'un couvent américain, d'origine irlandaise, a 98 ans. Elle est alitée et en train de mourir. Les religieuses sont toutes réunies autour d'elle pour prier et l'entourer d'attentions dans ses derniers moments.

On lui apporte un peu de lait chaud, mais la mère supérieure refuse même d'y goûter.

L'une des religieuses rapporte le verre de lait à la cuisine et se souvient subitement qu'à Noël dernier, un pieux donateur de leur couvent, connaissant l'origine de la mère supérieure, avait offert une belle bouteille de whisky irlandais à la communauté.

La religieuse retrouve le flacon, l'ouvre et en verse plus qu'une généreuse rasade dans le lait en train de tiédir, puis retourne auprès de la mourante.

Elle pose le bord du verre sur ses lèvres et tâche de les lui humecter.

La mère supérieure en boit quelques gouttes, puis une lampée, puis une autre, puis encore une autre, et finit par siffler tout le contenu du verre jusqu'à la dernière goutte.

— Très chère mère, demandent les religieuses affligées à leur supérieure, voudriez-vous bien nous donner un dernier conseil avant de nous quitter ?

La supérieure se redresse dans son lit, comme ressuscitée, son visage est illuminé par une joie qu'on dirait toute céleste, et elle leur répond :

— Ne vendez jamais cette vache !

Lumbago

Dans un compartiment de train, il y a un prêtre et deux appelés qui viennent d'être libérés du service militaire :

— Moi, dit le premier, en arrivant chez moi, je vais fêter mon retour avec mes potes. Crois-moi, pendant un sacré bout de temps, je serai bourré tous les soirs ! Je vais me prendre des cuites d'enfer !

— Moi, lâche l'autre, je vais me taper des filles ! Plein de gonzesses, une par jour, peut-être même plusieurs ! Je vais faire que ça toute la journée !

Une demi-heure passe, et un des deux bidasses, qui s'est mis à lire le journal, demande à son copain :

— C'est quoi un lumbago ?

— Je ne sais pas.

— Et vous, monsieur le curé, vous savez ce que c'est ?

Le prêtre, outré par la conversation précédente, répond d'un ton sec :

— C'est un mal extrêmement douloureux qui frappe les alcooliques invétérés et les obsédés qui se livrent à des orgies sexuelles !

Quelques secondes s'écoulent, puis le prêtre reprend :

— Au fait, pourquoi vous me demandez ça ?

— Oh, pour rien… C'est parce que dans le journal, ils disent que le pape souffre d'un lumbago.

Publicité

« Tu veux rencontrer les présidentes de la Commission européenne les plus froides de ta région ? Envoie "Ursula" au 7 32 16, "Ursula" au 7 32 16, montre-lui tes pecs et elle te montrera sa PAC. »

Une question d'envie

Un couple rencontre un sexologue :

— Docteur, nous n'arrivons plus à faire l'amour, dit l'homme.

— Ne vous inquiétez pas, répond le médecin, quand il vous en reprendra l'envie, faites-le tout simplement.

Deux semaines plus tard, le couple revoit le sexologue.

— Mon conseil a-t-il fonctionné ?

— Oui, l'autre jour, nous étions en train de manger et là, l'envie nous est venue et nous l'avons fait immédiatement sur la table.

— C'est très bien.

— Oui, mais il y a un problème !

— Ah oui, lequel ?

— Nous ne pourrons plus retourner dans ce restaurant !

GÉRARD, ON ME TROUVE TROP ENTREPRENANT AVEC LES FEMMES MAIS JE N'ARRIVE PAS À ME RÉFRÉNER, J'Y PEUX RIEN...
JE VAIS T'HYPNOTISER, GÉRARD, ÇA VA TE FAIRE PASSER LE GOÛT DU SEXE...
Ranson

Bottes de motard

C'est l'histoire d'un couple de motards.

Jean-Luc rêve depuis longtemps d'une nouvelle paire de bottes.

Un jour, il voit une belle paire dans son magasin Ducati et il décide de l'acheter.

Il rentre chez lui et demande à sa femme :

— Est-ce que tu remarques quelque chose de différent sur moi ?

Elle le regarde et répond :

— Non ! Pourquoi ?

Frustré, Jean-Luc s'enferme dans la salle de bains, se déshabille et en ressort complètement nu, mais portant toujours ses belles bottes neuves. Il redemande à sa femme :

— Alors, est-ce que tu remarques quelque chose de différent maintenant ?

Elle le regarde et lui répond :

— Jean Luc, qu'est-ce qu'il y a de différent ? Elle pendait hier, elle pend aujourd'hui et elle va encore pendre demain.

Furieux, Jean-Luc s'écrie :

— Si elle pend, c'est parce qu'elle admire mes nouvelles bottes !

Et sa femme Monique de lui répondre :

— T'aurais dû t'acheter un nouveau casque !

Le point commun

Quel est le point commun entre une fausse blonde et un avion qui s'écrase ?

Dans les deux cas, c'est la petite boîte noire qui dit la vérité !

L'éthylotest personnel

Un policier arrête un gars en voiture et lui demande :

— Vous avez un éthylotest ?

Le type sort un préservatif. Le flic est consterné :

— Mais, ce n'est pas un éthylotest, ça !

— Non, mais c'est bien plus efficace. Quand je n'arrive pas à le mettre, c'est que je ne suis pas en état de conduire !

Mise en bière

Deux piliers de bar parlent de la mort :

— T'as déjà réfléchi à tes obsèques, toi ?

— Oui, je serai enterré.

— Pas moi. Je vais me faire incinérer. C'est plus pratique pour tout le monde.

— Peut-être, mais moi, enterré, je suis sûr de toujours avoir un ver dans le nez !

Négociation de couple

Alors que son homme commence à s'endormir, sa femme lui dit :

— Allez, s'il te plaît, mon chéri.

— Non, pas ce soir, je n'en ai pas envie.

— Allez, chéri, sans ça, je ne pourrai pas dormir de la nuit.

— Mais pourquoi tu penses à des trucs pareils à cette heure-ci ?

— C'est parce que je suis brûlante !

— Toi alors, tu es chaude dans les pires moments !

— Si tu m'aimais vraiment, je ne devrais pas avoir à insister pour que tu le fasses !

— Et toi, si tu m'aimais, tu respecterais mon sommeil. J'ai eu une dure journée de travail, je suis épuisé !

— Alors, ça veut dire que tu ne m'aimes plus !

— Mais si, je t'aime chérie, mais laisse tomber pour cette nuit, par pitié !

La femme se met alors à pleurer. Son mari soupire :

— C'est bon, chérie, t'as gagné, je vais le faire.

Quelques minutes plus tard, la femme lui demande :

— Qu'est-ce qui se passe ? Tu ne trouves pas ?

— Dans le noir, c'est pas simple.

— Insiste, tu finiras bien par y arriver.

— Ça y est, voilà, j'y suis ! Alors, heureuse ?

— Oui, mon amour, ça fait tellement de bien.

— Bon, la prochaine fois que tu voudras dormir la fenêtre ouverte, tu iras l'ouvrir toi-même !

L'œil de Donald

Donald Trump arrive chez le médecin.

— Ouh là, docteur, qu'est-ce que j'ai mal à l'œil gauche.

— Comment vous êtes-vous fait ça ? demande le médecin.

— Je ne comprends pas, je buvais tranquillement mon café et, soudain, j'ai ressenti une violente douleur dans l'œil gauche.

— C'est vraiment bizarre, je ne vois rien, dit le médecin. Écoutez, allez-y, buvez un café devant moi, on verra bien.

Le pauvre Trump obtempère et, bien sûr :

— Ouille, ouille, vous voyez bien, docteur.

— Ah oui, je comprends mieux maintenant. Retirez simplement la cuillère de la tasse quand vous buvez.

FLASH INFO

« Résultats du bac à Laval. Le constat est dramatique... 72 % des candidats n'ont pas la Mayenne... »

Un bon week-end

Une femme dit à son mari :

— Ça te dit qu'on passe tous les deux un super week-end ?

— Oui, ma chérie !

— Alors, à lundi !

Un homme sensible

Dans un métro bondé, un voyageur remarque un homme assis qui ferme les yeux ostensiblement, mais sans dormir.

— Vous êtes malade ? s'inquiète-t-il.

— Non, mais j'ai horreur de voir ces personnes âgées debout.

Les municipaux

Un policier municipal interpelle un jeune sur un scooter extrêmement bruyant.

— Votre silencieux fait trop de bruit !

— Comment ça, mon silencieux fait trop de bruit ? Mais c'est un paradoxe, répond l'ado.

— Peu importe la marque, il fait trop de bruit !

RIP

Un dentiste dit à un patient :

— Votre dent est morte, il faut l'extraire. Voulez-vous une couronne ?

— Non, pas de cérémonie. Ni fleurs, ni couronne !

Les plus belles vacheries de Rachida Dati

À Gabriel Attal, apprenant que son budget à la Culture allait baisser : « Je vais transformer ton chien en kebab. »

À propos de Nathalie Kosciusko-Morizet : « Humainement, je ne l'aime pas. L'armoire de mon bureau a pour moi plus d'intérêt qu'elle. »

Au sujet de François Fillon durant la campagne électorale, en janvier 2017 : « Parfois, il me donne le sentiment qu'il a commencé un marathon tout seul et qu'il n'a déjà plus de souffle. »

Lors d'un échange téléphonique avec Patrick Stefanini, le directeur de campagne de François Fillon, celui-ci lui dit : « À bientôt, madame la ministre. » Dati lui répond : « J'espère bien que non, monsieur le condamné », faisant clairement allusion au fait qu'il a été condamné dans l'affaire des emplois fictifs de la Mairie de Paris en 2004.

Face à Thierry Solère : « Toi, tu es un petit Blanc. Ne crois pas que je vais aller faire le ménage chez toi comme le faisait ma mère. »

À son amie Anne Lauvergeon, au sujet d'adversaires politiques : « Il faut les faire chanter. Ils n'ont pas de couilles. Alors il faut les prendre par ce qui reste. »

Parole de sage

Un peuple sans culture, c'est comme un zèbre sans zébrure.

Et un zèbre sans zébrure, c'est un âne.

Les hommes sont trop forts pour faire des cadeaux

— Demain, c'est l'anniversaire de ma femme.

— Qu'est-ce que tu lui as acheté ?

— Depuis des jours, elle laisse traîner des magazines de bijoux dans toute la maison. Du coup, j'ai compris le message et je lui ai acheté un porte-journaux.

Pessimiste

Deux petites vieilles discutent :

— L'euro a plus de vingt ans et je compte encore parfois en francs. Ça va être dur pour moi de passer aux roubles !

Échange de numéros

Un homme propose à une jeune blonde :

— Échangeons nos numéros de téléphone.

— OK, répond celle-ci, mais est-ce que ça ne va pas créer de la confusion pour ceux qui vont essayer de nous joindre ?

IL PARAÎT QUE L'ARGENT MATÉRIEL VA DISPARAÎTRE DANS LES PROCHAINES ANNÉES...
ON EST PRÉCURSEUR ! CHEZ NOUS, IL DISPARAÎT DÈS LE 15 DU MOIS...
Ranson

Mur des lamentations

Un Juif russe vient de s'installer en Israël et demande à son ami qui y habite depuis longtemps de lui montrer le Mur des lamentations. Une fois sur place, il l'interroge :

— D'après toi, est-ce que je peux prier pour la fin du conflit avec les Palestiniens ?

— Oui, mais sois respectueux, n'oublie pas que tu t'adresses à Dieu.

— Et je peux prier pour la paix éternelle dans le monde ?

— Bien sûr, mais n'oublie pas que tu t'adresses à Dieu.

— Et est-ce que je peux prier pour avoir 1 million de dollars ?

— Tu peux, mais n'oublie pas que tu t'adresses à un mur.

Les restes

Un soir, un couple rentre chez lui après avoir passé de bonnes vacances. Le réfrigérateur est vide, les placards également. Et ils ont faim. En cherchant bien, ils trouvent une boîte de raviolis. La femme ouvre la conserve, fait chauffer les raviolis et les sert. Ils se mettent à table. Alors que l'épouse mange tranquillement, le mari engloutit la nourriture à toute vitesse.

— Pourquoi manges-tu aussi vite, mon chéri ?

— Parce que sur la boîte, il est indiqué : « À consommer rapidement » !

Les citations les plus drôles

« Je ne crois pas en Dieu, je crois au cachemire. »

Fran Lebowitz

Intelligence artificielle féminine

Un homme demande à son enceinte connectée :

— Dis-moi, Siri, pourquoi est-ce que je gâche toujours tout avec les femmes ?

— Hum… Moi, c'est Alexa, ducon !

Bêêêêêhhh oui !

Une brune et une blonde font du shopping. Au rayon des pulls, la brune dit à la blonde :

— Tu savais qu'il fallait trois moutons pour faire un pull en laine ?

— Non, répond la blonde, je ne savais même pas qu'ils savaient tricoter.

Mention légale

Dans le confessionnal, avant d'entendre la confession de l'une de ses paroissiennes, un prêtre annonce :

— Dans le cadre de notre démarche sur la qualité du service, cette conversation est susceptible d'être enregistrée.

Devinette

Quelle est la différence entre une fée et une sorcière ?

Deux ans de mariage.

Les citations les plus drôles

« Les tentations quand on est jeune on essaie de les éviter, quand on est vieux ce sont elles qui vous évitent. »

Michel Galabru

Dans la Mayenne

Une femme demande à un homme :

— T'habitais dans la Mayenne ?

— Oui, environ 13 cm.

CE PANNEAU DIT QUE C'EST DANGEREUX DE COURIR APRÈS LES GARÇONS ET DE S'HABILLER À L'OCCIDENTALE !
DANGER
Lanson

Bien dressé

Deux singes discutent dans un laboratoire. L'un dit à l'autre :

— Tu vois le chercheur en blouse blanche ? Eh bien, je l'ai parfaitement dressé. À chaque fois que j'appuie sur ce bouton, il m'apporte une banane.

SOS Médecins

— Docteur, dit une femme paniquée, c'est affreux, mon bébé, que je tiens ici dans mes bras, a profité d'un moment d'inattention de mon mari pour avaler une cartouche alors que mon époux rechargeait son fusil de chasse.

— Déshabillez-le, demande le médecin. Je vais l'examiner. Présentez-le-moi, mais surtout ne braquez pas ses fesses vers moi.

Ça ne va pas faire rire Daesh

Pourquoi les musulmans radicalisés ne boivent-ils pas d'alcool ?

Vous avez déjà vu le bordel qu'ils foutent à jeun ?

Mères juives

Trois mères juives se retrouvent pour le thé. Ça commence à jacasser :

— Aïe, aïe, aïe ! dit la première

— Aïe, aïe, aïe ! dit la deuxième.

— Aïe, aïe, aïe ! dit la troisième. Allez, assez parlé des enfants, parlons d'autre chose !

D-day

Trump est en visite officielle à Paris pour participer aux cérémonies du 80e anniversaire du Débarquement.

À la fin de son discours, Trump se tourne vers le président Macron et lui demande :

— J'aimerais beaucoup rencontrer la famille du Soldat inconnu afin de la remercier pour son accueil.

Le négociateur

Un couple de retraités retourne chez le concessionnaire Mercedes et constate que le vendeur avec lequel ils avaient fait affaire vient de vendre la voiture qui les intéressait à une belle jeune femme blonde, en minijupe et à la poitrine superbe ! Le vieil homme, visiblement énervé, s'adresse au vendeur :

— Jeune homme, je pensais que vous m'aviez dit que vous pouviez me réserver cette voiture à 95 000 euros, mais je viens d'entendre que vous l'avez vendue 75 000 euros à la charmante jeune femme là-bas. Si je me souviens bien, vous m'aviez clairement indiqué qu'il vous était impossible de vendre ce modèle à moins de 95 000 euros.

Le vendeur prend une profonde inspiration, s'éclaircit la gorge et saisit son café.

— Eh bien, que puis-je vous dire ? Elle avait l'argent comptant, n'avait pas besoin de financement et, monsieur, regardez-la, comment pouvais-je résister ? répond le vendeur, mal à l'aise.

À ce moment, la jeune femme s'approche du couple et donne les clés de la voiture au vieil homme.

— Voilà ! dit-elle. Je t'avais dit que je pourrais faire baisser le prix...

À bientôt, papa.

Régime comme j'aime

J'ai démarré un nouveau régime où je mange tout ce que je veux et j'attends le miracle.

à méditer

Le proverbe « Mieux vaut donner que de recevoir » a dû être inventé par un boxeur.

Le prénom

— Papa, pourquoi ma sœur s'appelle Aurore-Boréale ?

— Parce que c'était notre rêve de voir ça avec ta mère. Finis ton petit déjeuner, Macron-Démission, on va être en retard à l'école.

Régime conne j'aime

— J'ai perdu 2 kilos.

— Bah, c'est cool.

— Non, maintenant j'ai des Colombiens qui me cherchent…

Une aventure hippique

Un homme très radin se présente dans un club hippique.

— Je voudrais louer un cheval.

— Quel genre de cheval désirez-vous ? demande l'employé.

— Un cheval assez long, on est six.

Drogue d'enfer !

Un drogué meurt d'une overdose et arrive devant Satan. Il lui demande :

— Hey man ! As-tu quelque chose à fumer ici ?

Et Satan lui sort un gros sac de marijuana de la meilleure qualité qui soit.

— Cool ! As-tu du papier à rouler ?

Et Satan lui sort un gros paquet de papier à rouler.

Le gars est vraiment fier de son coup et il demande à Satan :

— As-tu du feu ?

Et Satan lui répond :

— Non, je n'ai pas de feu, c'est ça l'enfer !

Ta femme te trompe

— Mon pauvre vieux, dit un homme à un ami, je suis vraiment désolé de te faire de la peine, mais il me faut te révéler que ta femme te trompe.

— Ah bon ! s'écrie le mari, pas du tout surpris. Alors, elle a rompu avec toi aussi ?

Témoignage

« Il m'a écrit : "Tes adorable."
Je lui ai répondu : "Non, T'ES adorable."
Maintenant, il pense que je l'aime alors que tout ce que j'ai fait, c'est corriger son orthographe. »

Fable moderne

Un jour, un chien part à la chasse aux papillons et s'aperçoit qu'il s'est perdu. Errant au hasard en tentant de retrouver son chemin, il voit un léopard courir vers lui avec l'intention visible de faire un bon repas. Le vieux chien pense : « Oh, oh ! Je suis vraiment dans la merde, là ! »

Remarquant les quelques os d'une carcasse qui traîne sur le sol à proximité, il se met aussitôt à mâcher les os, tournant le dos au léopard qui approche. Quand celui-ci est sur le point de lui sauter dessus, le vieux chien s'exclame haut et fort :

— Ouais, ce léopard était vraiment excellent ! Je me demande s'il y en a d'autres par ici ?

En entendant cela, le jeune léopard interrompt son attaque en plein élan. Il regarde le chien avec effroi et s'enfuit en rampant dans les fourrés.

— Ouf ! soupire le léopard, c'était tout juste. Ce vieux chien a failli m'avoir !

Cependant, un singe qui avait observé toute la scène d'une branche d'arbre à proximité se dit qu'il pourrait mettre à profit cet enseignement en négociant avec le léopard et, ainsi, obtenir sa protection.
Il part donc le rattraper mais le vieux chien, le voyant courir à toute vitesse après le léopard, réalise que quelque chose se trame.

Le singe rattrape le léopard, lui dévoile le pot aux roses en lui proposant un marché. Le jeune léopard, furieux d'avoir été trompé, s'écrie :

— Viens ici le singe, monte sur mon dos, et tu vas voir ce qui va arriver à ce petit malin !

Le vieux chien voit le léopard accourir avec le singe sur son dos et s'inquiète :

— Que vais-je faire, maintenant ?

Mais au lieu de s'enfuir, le chien s'assoit dos à ses agresseurs, faisant semblant une fois de plus de ne pas les avoir vus. Et, juste au moment où ils arrivent à portée de voix, il s'exclame :

— Où est donc ce foutu singe ? Ça fait une heure que je l'ai envoyé me chercher un autre léopard !

TU NE VEUX PAS ALLER ME CHERCHER UNE BIÈRE ?
T'AS TROP REGARDÉ LES JEUX PARALYMPIQUES, TOI ! BOUGE UN PEU TON CUL !
Ranson

Tel est pris...

— Allô, Jean-Marc, ta femme te trompe. J'ai vu sa voiture garée devant un hôtel.

— Elle est ici à la maison, elle a prêté sa voiture à ta femme.

Morsure de vampire

Un patient se rend, affolé, chez son médecin :

— Docteur, je crois que j'ai été mordu par un vampire !

— Ah ! Tenez, buvez ce verre d'eau.

— C'est ce qui va me soigner ?

— Non, mais ça me permettra de voir si votre cou fuit !

En phase avec mes émotions

Un homme est au lit, en compagnie de sa maîtresse mais, au moment de passer aux choses sérieuses, celle-ci le réfrène :

— Mon chéri, je n'ai pas vraiment envie de faire l'amour maintenant. Je voudrais juste que tu me tiennes dans tes bras. Tu n'es pas assez en phase avec mes besoins émotionnels de femme pour que j'aie envie de satisfaire tous tes besoins sexuels d'homme !

L'homme la regarde, consterné, avant qu'elle n'ajoute :

— Je voudrais que tu m'aimes pour ce que je suis et non pour ce que je fais avec toi au lit.

Comprenant que rien ne se passera ce soir-là, l'homme décide de ne pas insister et s'endort.

Quelques semaines plus tard, il emmène sa maîtresse dans un grand magasin de mode. Pendant un long moment, elle essaie tout ce qui lui passe sous les yeux. Finalement, deux robes de soirée retiennent son attention. N'arrivant pas à se décider, il lui laisse entendre qu'elle pourra prendre les deux. Elle craque ensuite sur de charmantes petites paires de chaussures assorties aux robes.

Ravie, la femme dit à son amant :

— Chéri, c'est vraiment adorable de ta part, mais ça va te coûter une fortune... On passe à la caisse ?

L'homme, le sourire aux lèvres, lui répond alors :

— Non, mon amour, on ne passe pas à la caisse. Je ne me sens pas très bien... Je voulais simplement te voir bien habillée. Tu n'es pas assez en phase avec mes capacités financières d'homme pour que je puisse satisfaire tes désirs d'achat de femme.

Sa maîtresse le fusille alors du regard, mais l'homme continue :

— Tu sais, chérie, je voudrais que tu m'aimes pour ce que je suis et non pour ce que je t'achète.

Échangisme

Un homme interpelle sa femme :

— Chérie ?

— Oui ?

— Je voulais nous inscrire sur un site de rencontres échangistes coquines...

— Oui et ?

— Ils disent que notre adresse mail est déjà utilisée !

Les citations les plus drôles

« Si nul ne prenait jamais de risques, Michel-Ange aurait peint le sol de la chapelle Sixtine. »

Neil Simon

Punaises de lit

Avant de quitter son hôtel parisien, un voyageur passe à la réception pour se plaindre :

— J'ai trouvé une punaise de lit morte sur mon matelas.

Un rien négligeant, le réceptionniste lui rétorque :

— Si elle était morte, je pense que ce n'est pas bien grave.

Agacé, le client reprend :

— Mais il y avait toutes ses copines à son enterrement.

Les enfants, comme les chèques…

— Les enfants, c'est comme les chèques.

— C'est-à-dire ?

— Ça ne m'ennuie pas de les faire, ce qui m'ennuie, c'est de les reconnaître.

Nos amis canadiens

Deux copines discutent :

— T'as déjà remarqué que lorsqu'un artiste francophone a du génie, dans l'imaginaire collectif, il devient français ?

— Ah oui, c'est vrai. C'est pour ça que l'on dit toujours : « Céline Dion, la chanteuse canadienne. »

Sigmund

Pourquoi les psychanalystes obtiennent-ils des résultats plus rapides avec les hommes qu'avec les femmes ?

Parce que, lorsqu'il faut revenir à l'enfance, l'homme y est déjà.

Comment satisfaire une femme

Caresser, faire des éloges, dorloter, avoir de l'humour, implorer, choyer, protéger, téléphoner, pardonner, se sacrifier, supplier, divertir, charmer, ramper, fasciner, complimenter, se parfumer, câliner, être sensible, admettre, récompenser, écouter, embrasser, offrir des cadeaux, aimer, danser, respecter, rêver d'elle, promettre, délivrer, se confier, s'engager, désirer, murmurer, se blottir, gratifier...

Comment satisfaire un homme

Se mettre toute nue.

Conte de Noël

Un soir de Noël, il y a bien longtemps de ça, le Père Noël se préparait pour sa tournée annuelle, mais il y eut de nombreux problèmes. Quatre de ses petits lutins tombèrent malades et les stagiaires lutins ne produisirent pas les jouets aussi vite que les titulaires. Par conséquent, le Père Noël commença à sentir les désagréments du retard sur son planning.

En plus, la Mère Noël dit au Père Noël que sa mère venait leur rendre visite pour les fêtes, ce qui énerva un peu plus le Père Noël. Il se rendit ensuite à l'étable et découvrit que deux rennes femelles étaient enceintes et que deux autres s'étaient enfuies de l'étable. Et, quand il commença à remplir sa hotte, celle-ci se cassa et tous les jouets se répandirent sur le sol.

Très en colère, le Père Noël décida de se boire une petite goutte de liqueur. En allant la prendre, il vit que les lutins avaient déjà tout bu alors, fou de rage, il jeta la bouteille à terre, laquelle éclata en mille morceaux. Pour éviter un scandale de la part de la Mère Noël, il décida de prendre le balai pour nettoyer le sol, mais celui-ci avait été croqué par des souris affamées.

Juste à ce moment-là, on sonna à la porte. Le Père Noël, de plus en plus en colère, alla ouvrir et tomba sur un petit ange qui transportait un arbre de Noël. L'ange lui dit alors d'une voix mièvre :

— Joyeux Noël, Père Noël ! N'est-ce pas un jour merveilleux, aujourd'hui ? J'ai un joli sapin pour vous. Où voulez-vous que je le mette ?

C'est ainsi que commença la tradition du petit ange au sommet de l'arbre de Noël...

Devinette à la con

Que fait un canard à l'orange ?

Il la brûle.

C'est le bouquet

Une superbe jeune femme sort de chez le fleuriste avec un magnifique bouquet de roses. Un dragueur s'approche d'elle et lui dit :

— Mademoiselle, vous ne pouvez savoir à quel point j'aimerais être à la place de vos roses.

— Ah bon, mais pourquoi ?

— Mais pour être dans vos bras, ma belle !

— Ah, vous ne devriez pas les envier car, aussitôt à la maison, je leur couperai la queue.

La dictée

Au matin de sa nuit de noces, une jeune femme qui écrit un SMS à sa mère demande à son mari :

— Toi qui es fort, au moins en orthographe, tu peux me dire si à « désappointée », tu mets deux « p » ou un « p » comme à « impuissant » ?

Ça fait super peur

— T'as un film d'horreur à me conseiller ?

— *The Reflet*.

— Où est-ce que je peux le voir ?

— Dans le miroir de ta salle de bains.

Cauchemar dans la cuisine

Dans une cour d'école, un ado raconte à un ami :

— Hier, j'ai dit à ma mère qu'elle ne savait pas cuisiner.

— Comment a-t-elle réagi ?

— Elle en a fait tout un plat !

Poutine à l'école

Vladimir Poutine, pour améliorer son image aux yeux du peuple russe, décide de visiter une école à Moscou. Il discute avec les jeunes élèves et leur explique à quel point la Russie est une nation puissante et combien il souhaite le meilleur pour son peuple…

À la fin de son exposé, il autorise quelques questions. Le petit Sacha (Alexandre) lève la main et dit :

— J'ai deux questions : pourquoi les Russes ont-ils pris la Crimée ? Et pourquoi envoyons-nous des troupes en Ukraine ?

Poutine répond :

— Très bonnes questions.

Mais au moment où il s'apprête à répondre, la cloche sonne et les enfants partent en récréation. Quand ils reviennent, il reste un peu de temps pour d'autres questions. Un élève, Misha (Mickaël), lève la main et dit à Poutine :

— J'ai quatre questions : pourquoi les Russes ont-ils envahi la Crimée ? Pourquoi envoyons-nous des troupes en Ukraine ? Pourquoi la cloche a-t-elle sonné trente minutes plus tôt ? Et… où diable est passé Sacha ?

JE VEUX CHANGER DE SEXE !
PROFITE DONC D'ÊTRE ENCORE UNE FILLE POUR VENDRE TES FRINGUES SUR VINTAGE, ÇA TE PAIERA L'OPÉRATION !
Rancon

La même équipe ?

En pleine pandémie de la Covid, un ami téléphone, inquiet, à un copain :

— J'ai une question qui m'empêche de dormir en ce moment.

— Laquelle ?

— En cas d'attaque nucléaire de Poutine, c'est la même équipe gouvernementale qui gère ?

En thérapie

Cela se passe dans le cabinet du Dr Freud, en Autriche.

— Docteur, je ne sais plus quoi faire, mon fils est odieux et sadique. Il passe son temps à donner des coups de pied aux animaux, à faire tomber les personnes âgées, il arrache les ailes des papillons en rigolant… je ne sais plus quoi faire.

— Quel âge a-t-il ?

— Il a 4 ans.

— Ce n'est pas grave. Il se défoule maintenant et, plus grand, il deviendra gentil et doux comme un agneau.

— Ah, vous m'avez rassurée, merci beaucoup docteur.

— De rien, au revoir madame Hitler.

DCD

— Papi, qu'est-ce que tu veux cette année pour Noël ?

— Des CD…

— Oui, nous aussi on aimerait bien, mais l'euthanasie est très contrôlée, tu sais.

Ça ne va pas faire rire Walt Disney

— Qu'est-ce que treize couilles et deux seins ?

— Je ne sais pas.

— C'est Blanche-Neige et les sept nains.

— Mais pourquoi 13 couilles ?

— Parce que si tu n'en avais qu'une, toi aussi tu serais Grincheux.

Tout change

Deux alcoolos discutent dans un bistrot :

— T'as vu ce qu'a dit Marine Le Pen ? Elle a dit que le Rassemblement national n'était ni raciste ni d'extrême droite.

— Ah, oui ? répond le deuxième, alors pourquoi veux-tu qu'on vote pour eux !?

Le Saviez-vous ?

La Saint-Valentin, c'est le jour où les hommes trompent leur maîtresse avec leur femme.

Ça gratte

Un couple va au restaurant. Le serveur, un jeune type, les installe à une table tout en se grattant les fesses. Le client, médecin, est quelque peu dégoûté. Quelques minutes plus tard, le garçon leur apporte la carte, attend quelques secondes qu'ils choisissent et prend la commande. Pendant tout ce temps, il ne cesse de se gratter les fesses. Le médecin lui demande alors :

— Vous n'auriez pas des hémorroïdes ?

— Je ne sais pas, répond le serveur, je vais aller demander au chef !

Le journal de la santé

— Hier soir, j'ai regardé une émission sur la maladie d'Alzheimer présentée par le docteur Cymes.

— C'était intéressant ?

— Quoi donc ?

Allô, les pompiers

— Au secours ! Au secours ! hurle une femme au téléphone aux pompiers. Mon mari va se noyer, il a de l'eau jusqu'aux chevilles !

— Et alors ? S'il a de l'eau jusqu'aux chevilles, il ne risque rien !

— Mais si, il a la tête en bas.

Le retour des zombies

— Papa, j'ai peur des zombies !

— Mon chéri, les zombies ne sont pas réels, c'est juste des gens avec du maquillage.

— Comme maman ?

— Ouais, exactement comme ta mère…

Incroyable

La maman de Toto lui demande ce qu'il a appris au catéchisme.

Toto lui répond :

— Monsieur le curé, il nous a raconté comment le général Moïse avait conduit l'armée israélienne à travers l'Égypte jusqu'à la Terre promise. À un moment, les Israéliens, ils arrivaient au bord de la mer Rouge, et Moïse a arrêté la colonne. Il a regardé les photos satellites sur son ordinateur portable et il a vu les tanks et les Jeeps égyptiennes juste derrière eux. Il a alors pris son téléphone portable et a appelé la marine israélienne pour qu'elle construise un pont flottant sur la mer Rouge. Une fois le pont construit, le général Moïse a donné l'ordre à son armée de rouler sur le pont, et une fois que tout le monde a été de l'autre côté, il a regardé les Égyptiens monter sur le pont, eux aussi. Puis, lorsqu'ils ont été à mi-parcours, il a repris son portable et a demandé aux avions israéliens de bombarder le ponton... Et les Égyptiens sont tous morts noyés !

En entendant cela, la maman de Toto secoue la tête pour signifier sa réprobation et lui dit :

— Allons, Toto ! Pourquoi est-ce que tu ne dis pas comment monsieur le curé a dit que l'histoire s'était réellement passée ?

Toto lui répond :

— Ben, moi je veux bien, mais tu ne me croiras jamais.

Témoignage

« J'ai fait tomber un paquet de pâtes alphabet par terre. Ça a écrit un truc plus cohérent que 90 % des discours d'Amélie Oudéa-Castéra. »

DALS

Au casting de *Danse avec les stars*, un membre du jury dit à un candidat :

— Vous pourriez être un très bon danseur, mais deux choses vous en empêchent.

— Ah bon ? Quelles sont-elles ?

— Vos deux pieds.

Deux poids, deux mesures

Deux chiens sur une route voient passer un tandem. Le premier dit au second :

— Tu vois, nous on ferait ça, on nous jetterait un seau d'eau.

Un gros complexe d'infériorité

— Docteur, je souffre d'un atroce complexe d'infériorité, raconte un homme à son psy.

— Comment cela se traduit-il ?

— Par exemple, quand je fais l'amour avec ma femme, je fantasme en pensant à quelqu'un d'autre.

— Rien n'est plus fréquent, rassurez-vous. Vous imaginez que votre femme est une personne différente…

— Non, docteur. Je rêve que moi, je suis quelqu'un d'autre.

ÇA VA RÉVOLUTIONNER LE MONDE, JE TE DIS !
PAS SI VITE ! ATTENDONS QUE QUELQU'UN INVENTE LE CONTRÔLE TECHNIQUE.
Danson

Mains glacées

Une femme dit à son mari :

— Chéri, j'ai les mains glacées !

— Tant mieux, répond l'homme, tu peux tenir ma bière ?

L'amie du petit déjeuner

Une femme dit à son mari :

— Le matin, faut pas me parler tant que je n'ai pas bu mon café dans mon jacuzzi.

— Mais, chérie, on n'a pas de jacuzzi !

— Voilà. Donc ferme ta gueule !

Leçon de socialisme

Martin et Louis sont deux agriculteurs. Tout le village sait que Louis est socialiste.

Un jour, ils se croisent dans les champs et engagent une petite conversation sur la météo, les cultures et les bêtes…

Tout à coup, Martin dit à Louis :

— J'peux t'poser une question ? T'es socialiste, mais qu'est-ce ça peut bien vouloir dire « être socialiste » ?

— Je vais t'expliquer ça en vitesse, répond Louis. Les socialistes sont pour une redistribution équitable.

— Redistribution équitable, qu'est-ce que tu me racontes là ? demande alors Martin.

— Eh bien, je vais te donner un exemple, tu possèdes deux ânes, je le sais. Moi, je n'en ai pas. Le socialisme suggère que tu me donnes l'un de tes deux ânes. Ainsi, nous en aurons un chacun. Ça, c'est de la redistribution et ce serait donc mieux pour tout le monde. Qu'en penses-tu ? Rejoins-nous.

— Eh bien, en voilà une théorie ! dit Martin. Il faut que j'y réfléchisse.

Sur ce, il retourne à la maison pour prendre son repas de midi. À table, il dit à sa femme :

— Germaine, j'ai parlé ce matin avec Louis. J'pense que j'vais aussi devenir socialiste.

— Socialiste ? demande Germaine. Qu'est-ce que c'est ?

— Ben, c'est quand on a deux ânes et que Louis n'en a point. Si j'lui en donne un, eh ben, on en a un chacun. C'est ça la « redistribution équitable » et c'est bon pour tout le monde, répond Martin.

— Bouh diou, c'est ben compliqué tout ça, lui répond sa femme. J'vais y réfléchir.

Après quelques minutes, Germaine reprend :

— Dis, Martin, notre Louis… il a ben deux vaches. Et nous, on n'en a point. Si on lui donne un âne, y peut bien nous donner une vache. Qu'est-ce que t'en penses ?

— Nom de Dieu, c'est ben vrai ça ! lui répond son mari.

Et il retourne voir Louis.

— Dis, Louis, j'ai discuté avec Germaine. On veut bien devenir socialistes, mais elle dit qu't'as deux vaches. Si on t'donne un d'nos ânes, tu nous donnerais bien une de tes vaches ?

Louis le regarde, quelque peu surpris, et lui répond :

— Martin, ou bien je n'ai pas bien expliqué, ou bien tu ne m'as pas bien compris, mais le socialisme ça ne marche qu'avec les ânes…

Y a quelqu'un qui m'a dit...

Nicolas Sarkozy invite François Fillon et Alain Juppé à dîner pour se réconcilier.

À la fin du repas, Nicolas Sarkozy, pour distraire ses invités, demande à Carla Bruni de leur chanter l'une de ses chansons.

À un moment, Sarkozy se tourne vers Juppé qui paraît attentif et lui dit :

— Je vois que vous aimez la musique.

— Oui, répond poliment Juppé. Mais ce n'est pas grave, qu'elle continue quand même à chanter.

Herbothérapie

Une femme demande à une amie :

— T'avais pas commencé ton traitement pour les nerfs ?

— Si, je prends un traitement à base de plantes.

— Et ça fonctionne ?

— Pas mal, pour l'instant, espèce de grosse pute de merde !

FLASH INFO

« Monsanto se lance dans la parapharmacie et va présenter un insecticide à boire pour soigner les personnes ayant le cafard... »

Interro de maths

Qu'est-ce qui est le plus lourd : une tonne de plomb, une tonne de plumes ou une blague de Jean-Marie Bigard ?

C'est cruel

Un ado s'approche d'une jeune femme et lui dit :

— J'aimerais bien que tu sortes avec moi, mais tu me trouves moche.

— Qui t'a dit que je te trouvais moche ? demande la jeune femme.

— Ah bon ? Tu ne me trouves pas moche ?

— Si, bien sûr que je te trouve moche, je voulais juste savoir qui te l'avait dit !

Recherche appartement ou maison

Un jeune couple visite un appartement à Paris :

— Ce qui me plaît ici, dit la jeune femme, c'est qu'il y a des placards partout.

— Madame, répond l'agent immobilier, ce ne sont pas des placards, ce sont les chambres.

Pas difficile

Deux potes discutent :

— Dis, c'est quoi ton genre de nana ?

— Bah, au point où j'en suis… je dirais : vivante.

Nombril

J'ai donné un nom à mon nombril : Athènes.

Car il est au milieu de la graisse.

Test Covid

— Je viens de recevoir mon test Covid acheté sur Amazon.

— Et alors ?

— J'ai 105 de QI.

Devinette

Pourquoi le cercueil d'une belle-mère ne peut pas avoir un intérieur cuir ?

Parce qu'il y a déjà de la peau de vache dedans.

Le père modèle est une ordure

Un petit garçon, affolé, dit à son père :

— Papa, j'ai l'impression qu'il y a un monstre dans ma chambre.

— Pourquoi crois-tu que nous avons choisi l'autre chambre avec ta mère ?

Love me Tinder

Lors d'un premier rendez-vous, un homme demande à une jeune femme :

— T'as eu beaucoup d'hommes ?

— Cinq, et avec toi ça fait six.

— C'est pas beaucoup pour une jolie femme de 40 ans.

— C'est vrai que c'était une semaine assez calme.

Un accident bête

Un homme croise le moniteur d'auto-école qui lui a appris à conduire et s'étonne de le voir avec une jambe dans le plâtre.

— Que vous est-il arrivé ?

— Un bête accident de voiture.

— Ça m'étonne, vous qui enseignez la prudence au volant.

— J'ai glissé sur l'une des petites voitures que mon fils avait laissées au milieu du salon. J'aurais mieux fait de lui apprendre à ranger ses jouets.

Saut à l'élastique

Un aventurier part pour Marrakech, au Maroc, où il veut sauter du haut d'un minaret de la ville. Après de longues études techniques, il va voir un marchand du souk et lui passe commande :

— J'aurais besoin d'un mousqueton, d'un baudrier pour grimper et de 20 m de corde d'alpinisme.

Le marchand lui fournit tout cela. L'après-midi, la place devant la mosquée est bondée lorsque l'aventurier s'élance dans le vide. La corde se déroule. Il arrive à 20 cm du sol et tout le monde applaudit.

Le lendemain, la star de la place Jemaa-el-Fna, Mohamed, dit Momo, veut lui aussi faire de même pour montrer son grand courage. Il achète le même matériel que l'aventurier : mousqueton, baudrier et 20 m de corde d'alpinisme.

Il monte au sommet du minaret, saute, s'éclate au sol et meurt. La police marocaine fait son enquête et interroge le marchand :

— Que lui avez-vous vendu ?

— Il m'a demandé un baudrier, un mousqueton et 20 m de corde, comme le Français.

— Et alors ?

— Comme son père est un ami d'enfance, je lui ai rajouté 4 m de corde. Cadeau de la maison !

Gros mot

Une petite fille se promène dans la rue avec son papa. Soudain, elle s'arrête et regarde le dessous de sa sandalette :

— Que t'arrive-t-il, ma chérie ?

— Je crois que j'ai marché sur un gros mot !

Lignée familiale

Un homme regarde une chaîne d'info et dit à sa femme :

— Je viens de voir, sur BFMTV, une interview de Marion Maréchal ! Elle ne risque pas de payer une taxe à l'aéroport pour excédent de bagage culturel.

PERLE DE MÔME

Un papa explique à son fils :

— Tu sais, quand j'avais ton âge, il n'y avait pas d'ordinateur.

— Ah bon ? demande le petit. Mais vous faisiez comment pour aller sur Internet ?

LE VOILE, C'EST MON DROIT !
SINON C'EST LE MIEN.
Panson

Causes et conséquences

En Israël, dans un train, un jeune juif entre dans un wagon et s'assied à côté d'un juif orthodoxe. Le jeune homme lui demande :

— Excusez-moi, pourriez-vous me donner l'heure ?

Imperturbable, l'homme continue à lire la Torah.

Un long moment se passe et le jeune insiste :

— Excusez-moi, monsieur, pourriez-vous me donner l'heure ?

Le vieux ne bouge pas, ne répond rien.

Le temps passe et, enfin, le train arrive à son terminus.

— Il est 18 heures, dit le vieil homme.

— Pourquoi ne me le dites-vous que maintenant alors que nous sommes arrivés ? Je n'ai plus besoin de savoir l'heure !

— Si tout à l'heure je t'avais donné l'heure, nous aurions lié connaissance. On aurait parlé. J'aurais appris que tu connais untel, que moi aussi je connais. On aurait sympathisé. Tu serais venu chez moi. Tu aurais rencontré ma fille. Comme elle est très belle, ma fille, tu serais tombé amoureux. Tu aurais voulu l'épouser… Et ne t'imagines pas que je vais donner ma fille à un garçon qui n'a même pas de quoi s'offrir une montre !

Sens interdit

Un papa qui amène son fils en voiture à l'école s'écrie :

— Oh non ! J'ai tourné bêtement et je me suis engagé dans un sens interdit.

— C'est pas grave, papa ! répond le petit. La preuve, c'est que la voiture de police qui nous suivait en a fait autant.

Prise de tête

Deux copines discutent :

— T'en fais une tête !

— Oui, je me suis encore pris la tête avec mon mec.

— Suis mon conseil, si tu es énervée contre ton mec, écris tout ce que tu lui reproches sur un bout de papier et brûle-le.

— OK, et je fais quoi du bout de papier ?

Un chirurgien au paradis

Un homme se présente à la porte du paradis.

— Quelle était votre profession sur Terre, mon brave ? lui demande saint Pierre.

— Chirurgien.

— Chirurgien ! s'exclame saint Pierre. Alors, pour vous, ce sera la deuxième porte à droite, l'entrée des fournisseurs.

Un vrai malade

Le patron d'une entreprise vient d'engager un homme, lequel doit se présenter au travail le lundi.

Le lundi matin, l'homme téléphone et dit :

— Patron, je suis malade.

Le patron l'excuse et, le mardi matin, le nouvel employé arrive et travaille tellement bien le restant de la semaine qu'il gagne le respect de tout le monde.

Le lundi suivant, il téléphone à nouveau :

— Patron, je suis malade.

Le patron l'excuse une fois encore, non sans noter que c'est le deuxième lundi qu'il lui fait le coup. Le type arrive le mardi matin et travaille tout le restant de la semaine encore mieux que la semaine précédente.

Le lundi suivant, le type téléphone encore une fois :

— Patron, je suis malade.

Le patron l'excuse, mais décide de le convoquer le lendemain matin.

Le mardi matin, le type arrive et est immédiatement appelé dans le bureau du patron.

— Écoutez, vous êtes un excellent employé, je n'ai absolument pas à me plaindre de vous, mais ce n'est plus possible. Vous ne pouvez pas être malade tous les lundis.

— C'est que, voyez-vous, ma sœur a fait un très mauvais mariage et j'ai l'habitude de passer chez elle tous les lundis matin avant d'aller travailler pour la réconforter. Une chose menant à l'autre, nous finissons par faire l'amour toute la journée.

— Avec votre sœur, mais c'est dégoûtant !

— Je vous avais bien dit que j'étais malade !

L'avantage du réchauffement climatique

Deux alcooliques écoutent le bulletin météo.

— Super ! dit l'un, on annonce une vague de chaleur. On va pouvoir boire sans se forcer.

Il est blême, mon HLM

Un conseiller conjugal demande à un couple :

— Quand votre bébé se réveille en hurlant en pleine nuit, qui se lève ?

— Les 50 locataires de notre HLM, dont les murs sont fins comme du papier à cigarette.

à méditer

Le cannibalisme fit place au capitalisme lorsque l'homme se rendit compte qu'il était plus rentable d'exploiter son prochain que de le manger.

Asymptomatique

— Je suis triste.

— Ça ne se voit pas.

— Je suis asymptomatique.

Petite annonce

Ferdu dentier. Merfibeaufou de le reftituer à fon propriétaire auffitôt que poffible.

Super vacances !

Deux amis se racontent leurs vacances :

— La première semaine, on a tout subi : la pluie, la neige, le vent, la grêle, le verglas, les tempêtes. Et, la deuxième semaine, ça s'est gâté.

— Qu'est-ce qui s'est passé ?

— Ma belle-mère nous a rejoints.

C'est vache !

Un taureau discute avec son ami le hibou dans un pré.

— Bon, je vais y aller, dit le taureau. Il commence à se faire tard…

— Reste un peu, lui demande le hibou. Profitons de cette belle soirée.

— Malheureusement, il faut que je rentre à la maison, car si ta femme est chouette, la mienne est plutôt vache.

Et la dispute commença…

Une femme dit à son mari :

— Chéri, ton pote va se marier avec cette fille moche et grossière…

— Et alors ?

— Et alors ? C'est ton meilleur ami ! Pourquoi tu le laisses faire ?

— Parce qu'il ne m'a pas stoppé quand j'étais dans la même situation.

Les citations les plus drôles

« Le rugby est un sport simple,
il suffit de courir avec un ballon, d'essayer
de l'aplatir et d'éviter de se faire tuer. »

Paul O'Connell

FEMME QUI RIT À MOITIÉ DANS TON LIT...
SI TU TE LÈVES, TU NE PEUX PAS M'APPORTER UN CAFÉ ?
T'ES UN RIGOLO, TOI...
Ranson

Un travail manuel

Deux copains discutent :

— T'as vu, le don du sperme vaut plus que le don du sang.

— C'est normal, c'est fait main.

En même temps ?

Emmanuel Macron engueule l'un de ses ministres :

— Sachez que je ne vous ai pas nommé pour penser mais pour prendre des décisions !

Les citations les plus drôles

« Je n'ai jamais vu un homme de l'opposition mettre plus d'une minute pour juguler la pauvreté et réduire le chômage. »

Jean Amadou

Assurance-vie

Un petit vieux de 90 ans va voir son assureur et lui demande :

— Je voudrais une assurance-vie.

— Mais, monsieur, vous avez 90 ans.

— Et alors, vous en avez bien fait une à mon père !

— Quel âge a votre père ? Il vit encore ?

— Il a 120 ans et il est en très bonne santé.

— Bon, d'accord… si vous aussi avez encore trente ans à vivre, c'est une bonne affaire pour moi. Revenez lundi, on signera les papiers et vous aurez une assurance-vie !

— Ah non, lundi c'est impossible pour moi, je vais au mariage de mon grand-père.

— Attendez, votre grand-père vit encore ?

— Oui, bien sûr.

— Et il va se marier ?

— Oui, ses parents lui mettent la pression.

Témoignage

« Mes chaussures se plaignent que j'ai pris du poids ! Mais de quoi elles semelles ? »

Ceci est un message du gouvernement

Toutes les guitares devront être électriques en 2030.

La blague préférée de Bruno Le Maire

J'avais une blague sur le livret A, mais c'est sans intérêt.

Mamie Nova et Papy Brossard

Mamie Nova et Papy Brossard sont dans un bateau. Mamie Nova tombe à l'eau, qu'est-ce qui reste ?

Un vieux croûton qui ne peut plus tremper son biscuit.

Chez Airbus

Les ingénieurs de chez Airbus s'arrachent les cheveux parce que leur nouveau modèle de long-courrier n'arrive pas à voler. Ils ont tout essayé, mais rien n'y fait. À chaque fois, les ailes s'arrachent au niveau du joint de la carlingue et l'avion perd ses ailes en vol.

Aussi, un vieux balayeur décide un jour d'aller trouver les ingénieurs pour les aider à résoudre ce problème :

— Ça ne me regarde pas, mais vous devriez faire des petits trous le long du joint des ailes et de la carlingue. Je suis sûr que, comme ça, ça tiendrait.

À court de ressources, les ingénieurs décident de suivre le conseil du balayeur. Après tout, ils n'ont plus rien à perdre. Comme par miracle, le prototype ainsi modifié n'a plus d'accidents. Ses ailes tiennent.

Le grand patron d'Airbus fait venir le balayeur et lui dit :

— Félicitations, mon cher ami, vous êtes brillant. Mais, dites-moi, comment avez-vous eu cette idée de génie ?

— C'est simple, avez-vous déjà vu du papier toilette se déchirer le long des pointillés ?

Comment cesser d'être timide

— La semaine dernière, j'ai repéré le livre *Comment cesser d'être timide* à la bibliothèque municipale.

— Et alors ?

— Je n'ose pas l'emprunter.

Le meilleur pâtissier

Une jeune femme demande à un pâtissier :

— J'aimerais que vous confectionniez mon gâteau de mariage. Je veux que vous placiez les deux personnages traditionnels, le marié et la mariée, sur un ring de boxe avec ma mère comme arbitre.

Témoignage

« Je fais un régime, je suis en beurre-out. »

Refroidi

— Alors, comment ça s'est passé ton rencard avec ta jolie collègue ?

— Je lui ai déclaré ma flamme…

— C'est super !

— … mais elle avait un extincteur.

Contrôle d'alcoolémie

Un homme ivre se fait arrêter au volant par un policier :

— Monsieur, vous sentez l'alcool à plein nez !

— Monsieur l'agent, ouvrez le bouchon de mon réservoir, ça sent l'essence à plein nez mais on ne peut pas dire qu'il est plein.

Entre nous

Une jeune fille dit à un dragueur lourd :

— J'aimerais qu'il y ait quelque chose entre nous…

— Un rapport ?

— Non, un mur !

C'est ça l'amour !

Une jeune fille dit à son fiancé :

— Quand nous serons mariés, nous pourrons partager tous nos soucis…

— Mais je n'ai pas de soucis !

— QUAND nous serons mariés, j'ai dit…

Cours toujours

Un homme demande à sa femme :

— Chérie, ça ne te dérange pas que je coure après les jeunes femmes ?

— Pas du tout ! Même les chiens courent après des voitures qu'ils ne peuvent pas conduire…

à MÉDITER

Si la connerie était douloureuse, j'en connais un paquet qui seraient sous morphine.

Entre démocrates, on se comprend

Kim Jong-il raconte une histoire à Vladimir Poutine :

— Tu connais la blague de l'opposant qui gagne les élections ?

— Non.

— Moi non plus.

Mathématrique

Un professeur demande au jeune Bigard :

— 69 divisé par 3 ?

— Impossible, monsieur, un 69 ça se fait à deux.

Jeune menteur

— Monsieur, je suis le directeur de l'école de votre fils. Je vous appelle parce qu'il n'arrête pas de mentir.

— Il doit être doué. Je n'ai pas de fils.

Mais que fait la peau lisse ?

Une femme chuchote à son mari :

— Chéri, je suis épilée !

— Cool ! On va pouvoir enfin faire des trucs !

— Rhooo… Tu penses à quoi, coquinou ?

— J'sais pas, un paillasson ?

JE COMPTAIS SUR LE RUISSELLEMENT POUR ME REMETTRE À FLOT MAIS J'AI ÉTÉ ASSEZ DÉÇU...
BEN OUI, MAIS IL AURAIT FALLU SE BOUGER UN PEU, AUSSI...
Ranson

L'importance des rideaux

— Chéri, dit une femme, maintenant que nous venons d'emménager dans ce nouvel appartement, il faut absolument faire mettre des rideaux aux fenêtres de la salle de bains, sinon les voisins risqueront de voir maman toute nue.

— Sois tranquille, réplique le mari, quand ils l'auront vue une fois, ce sont eux qui mettront des rideaux à leurs fenêtres.

Deux épipuriennes

Deux blondes, étudiantes en philo, discutent :

— Socialement, je suis très épipurien.

— Tu veux dire « épicurien » ?

— Non non, épipurien. Je rencontre des mecs et pis pu rien.

Dans le prochain Voici

François Hollande rentre en scooter à l'Élysée lorsqu'il croise une jeune femme superbe qui lui dit :

— Viens chez moi, pour 10 euros, tu passeras une nuit inoubliable !

Sans hésitation, le Président suit la jeune femme chez elle et, au petit matin, après avoir vécu une nuit torride, il lui donne 10 euros avant de lui demander :

— Comment fais-tu pour vivre avec des tarifs aussi bas ? Pour 10 euros on n'a plus rien de nos jours.

— Oui, je sais, répond la fille en souriant, mais j'arrondis mes fins de mois en faisant du chantage.

Bis !

À un concert d'Aya Nakamura, un homme demande à sa femme :

— Pourquoi l'applaudis-tu ? C'était très mauvais !

— Je sais, répond la femme, mais je voudrais bien revoir sa robe.

Réveil malin

Un homme se confie à un ami :

— J'ai changé de sonnerie de réveil et j'ai mis le dernier morceau d'Aya Nakamura.

— Et ça marche ?

— Oui, maintenant, je me lève tous les jours cinq minutes plus tôt pour ne pas l'entendre.

Il y a une solution à tout

Un homme se confie à un ami :

— Ma copine trouve que la fellation la rabaisse.

— Qu'est-ce que tu lui as répondu ?

— Je lui ai proposé de prendre une chaise.

Psy

Un psychanalyste se promène dans les couloirs et croise un autre psychanalyste. Il lui dit bonjour et, un peu plus loin, l'autre s'arrête et se dit : « Mais qu'est-ce qu'il a voulu dire par là ? »

Au lycée Stanislas

Le jour de la rentrée, le responsable de l'internat prévient ses pensionnaires.

— L'accès au dortoir des filles est interdit aux garçons et tout élève qui y sera surpris aura une amende de 10 euros. À la deuxième infraction, ce sera 20 euros et 30 euros à la troisième. C'est clair ?

Un pensionnaire lève la main :

— C'est combien pour un abonnement ?

Fais un vœu

Un homme et sa petite amie sont tendrement enlacés sur un banc. Tout à coup, celui-ci lui dit :

— Regarde, chérie, une étoile filante. Fais un vœu.

— Je veux qu'on se marie

— Ah ? Au temps pour moi, c'était juste un avion.

Le Saviez-Vous ?

On active quatorze muscles en ouvrant une bouteille de vin. Le sport, c'est génial !

Dati

Deux amis discutent de la crise agricole :

— Les agriculteurs de la FNSEA ont demandé au gouvernement un « contrat de confiance ».

— On n'a qu'à leur envoyer Dati.

Bonne année ?

Deux amis se croisent dans la rue :

— Alors, comment s'est passée votre année 2024 ?

— Avec beaucoup de vaseline.

Au musée avec un ado

Un couple visite un musée en compagnie de son jeune garçon. Voilà maintenant un quart d'heure que le couple est immobile, en admiration devant un tableau. Le petit garçon s'impatiente et demande à ses parents :

— Elle est où la télécommande pour changer de chaîne ?

C'est la crise

Deux directeurs de cirque discutent :

— Avec cette fichue crise économique, j'ai perdu 1 million…

— Moi, c'est pire encore, se désespère l'autre : j'ai perdu un lion entier !

Le doberman belge

Un Français croise un Belge et engage la conversation :

— Vous avez deux chiens superbes. C'est quoi comme races ?

— Celui-ci est un doberman, répond le Belge.

— Et l'autre ?

— L'autre aussi.

Le Français continue la conversation :

— Ils mangent beaucoup de viande ?

— Celui-ci mange 3 kilos de viande par jour.

— Et l'autre ?

— L'autre aussi.

Le Français, étonné par les réponses du Belge, le questionne davantage :

— Mais dites-moi, pourquoi à chaque question que je vous pose, vous répondez « l'autre aussi ». Je ne comprends pas.

Le Belge désigne un chien et répond :

— Oui, excusez-moi, je ne vous ai pas expliqué, ce chien est à moi.

— Et l'autre ?

— L'autre aussi.

Et j'ai crié...

Dans un vieil hôtel aux cloisons trop fines, un homme dit à sa femme :

— Eh bien, tu entends ça ? Ils y vont gaiement, les jeunes mariés de la chambre d'à côté !

— Ouais, répond la femme, mais je te jure que je crie plus fort qu'elle.

— Quand on fait l'amour ? demande fièrement l'homme.

— Non, quand j'essaie de faire rentrer mes pieds dans une paire de chaussures pointure 37 alors que je fais du 38 et demi !

Elle est belle, non ?

Deux inconnus sont assis côte à côte dans le train. Le premier regarde sur son portable une photo de sa petite amie et se vante :

— Elle est belle, n'est-ce pas ?

— Si vous la trouvez belle, vous devriez voir ma femme, répond le deuxième.

— Pourquoi ? Elle est si magnifique ?

— Non, elle est opticienne.

Attention à pépé

Toto doit rendre visite à sa copine Marion à l'hôpital. Ne connaissant pas très bien le chemin, il se perd et demande à un vieux monsieur :

— Eh, pépé ! Quel est le chemin le plus rapide pour se rendre à l'hôpital ?

Le vieux regarde méchamment Toto et lui répond :

— C'est de m'appeler encore « pépé » !

Un couple parfait

Il était une fois un homme parfait et une femme parfaite qui se rencontrèrent. Après s'être fait la cour, ils se marièrent. Leur union était bien sûr parfaite. Une nuit de réveillon de Noël, ce couple parfait conduisait sa voiture parfaite le long d'une route déserte, lorsqu'ils remarquèrent quelqu'un en détresse sur le bord. Étant parfaits, ils s'arrêtèrent pour proposer leur aide. La personne en détresse était... le Père Noël, avec sa hotte remplie de cadeaux. Ne voulant pas que des milliers d'enfants soient déçus une veille de Noël, ils prirent le Père Noël et ses jouets à bord de la voiture parfaite et l'accompagnèrent pour la distribution des cadeaux. Malheureusement, à cause du mauvais temps, le couple parfait et le Père Noël eurent un accident.

Seulement l'un d'entre eux survécu. Lequel ?

La femme parfaite ! C'est la seule personne de cette histoire qui existe vraiment.

Je suis le roi du monde

Durant une croisière dans l'océan Atlantique, le capitaine d'un paquebot fait une annonce aux passagers :

— Mesdames et messieurs, j'ai une bonne nouvelle à vous annoncer : nous allons gagner 11 Oscars !

Demande à Alexa

— Papa, de quoi les nuages sont-ils faits ?

— Sois précis, mon fils, tu parles des stratus ou des cumulus ?

— Heu… des stratus.

— Je ne sais pas.

— Alors… explique-moi les cumulus ?

— Je ne sais pas non plus.

Devinette

Quelle est la différence entre une belle-mère et une télé ?

Sur une télé, on peut couper le son.

Saga Africa

En Afrique, deux tribus se livrent bataille depuis des centaines d'années, et c'est toujours la même tribu qui se fait massacrer.

Un explorateur décide d'aider la plus faible.

— Bonjour à toi, grand chef. Je vais t'expliquer comment on gagne lorsqu'on est plus faible.

Le missionnaire met sa main devant un mur et dit :

— Frappe !

Le chef, interloqué, ne sait que faire.

— Frappe, je te dis !

Le chef se décide enfin à asséner un violent coup de poing sur la main de l'explorateur, qui la retire au dernier moment, laissant le chef de la tribu hurler de douleur.

— Ça, c'est la ruse. C'est comme cela que vous gagnerez !

Le chef, ayant compris la leçon, s'empresse d'aller enseigner ce qu'est la ruse à ses guerriers.

— Écoutez-moi, j'ai le secret pour vaincre.

— Que faut-il faire, ô grand chef ?

— Il faut utiliser la ruse...

— Mais qu'est-ce que la ruse ?

Le chef met alors sa main devant son visage et lui dit :

— Frappe !

Le bon génie des maths

Un bon génie apparaît devant un collégien et lui dit :

— Tu as le droit à trois vœux.

— Je voudrais que les maths n'existent plus, répond le collégien.

— C'est fait. C'était ton dernier vœu. Adieu.

Ultrasensible

Un homme demande à sa femme :

— Chérie, tu pleurerais si je mourais ?

— Oh, oui ! Tu sais que je pleure pour un rien !

Blague mignonne

Deux petites coccinelles se rencontrent et commencent à papoter. L'une d'elles n'a aucune tache noire sur ses ailes.

— Mais que t'est-il arrivé ?

— Un excès de vitesse ! J'ai perdu tous mes points.

Secret d'histoire

Au Moyen Âge, une châtelaine frappe violemment contre l'armure dans laquelle se tient son chevalier de mari :

— Sortez de là tout de suite ! hurle la femme. Toi et la maîtresse que tu as ramenée des croisades !

À deux, on est plus forts !

Un homme interpelle sa femme :

— Ma chérie.

— Oui ?

— À deux, on est plus forts, n'est-ce pas ?

— Oui, mon chéri.

— Alors, imagine à trois avec ta jolie copine Manon, ce qu'on pourrait faire !

Scène de ménage

La tondeuse à gazon est tombée en panne. Ma femme n'arrêtait pas de me demander de la réparer, mais j'avais toujours autre chose à faire : ma voiture, la pêche, les copains…

Un jour, pour me culpabiliser, elle s'est assise sur la pelouse et s'est mise à couper l'herbe avec des petits ciseaux de couture. J'ai alors pris une brosse à dents et je lui ai dit :

— Quand t'auras fini de couper la pelouse, tu pourras balayer l'entrée ?

Et la dispute a commencé !

La pomme de la discorde

Quel est le point commun entre un téléphone Apple et un chien guide ?

Il faut être aveugle pour en acheter un.

à MéDiTeR

Si ça se trouve, la Terre est plate et les dinosaures vivent de l'autre côté. À chaque fois qu'on creuse, on déterre l'un de leurs morts.

Profession marieur

Un homme, furieux, chuchote à un marieur à qui il avait demandé de lui trouver une femme :

— Vous m'avez raconté n'importe quoi ! Vous m'avez dit qu'elle était belle, jeune, fine comme un mannequin. Et, comme je la vois, elle a au moins dix ans de plus que moi, elle est moche à faire peur et grosse comme une courge !

— Vous pouvez parler plus fort, glisse le marieur, elle est sourde.

#MeTooCinema

Deux comédiennes discutent :

— Ça a été bien choisi, le nom de César pour récompenser les professionnels du cinéma.

— Surtout le César du meilleur réalisateur.

— Pourquoi ?

— Bah, César, c'était quand même un dictateur obsédé par la Gaule.

NAPOLÉON PERÇANT SOUS BONAPARTE

Les citations les plus drôles

« Pour tuer un mime, est-il préférable d'utiliser un silencieux ? »

Steven Wright

Complètement folle

Deux golfeurs effectuent leur parcours sous une pluie battante.

— Ma femme est complètement folle, dit le premier.

— Pourquoi ?

— Figure-toi que par un temps pareil, elle a préféré quitter notre intérieur douillet pour faire les soldes.

Merci !

Une femme envoie un SMS à son ex.

— Merci pour la soirée d'hier.

— Mais, on n'était pas ensemble.

— Justement !

ET ON NE SAIT TOUJOURS PAS SI ON DOIT DIRE **LE** COVID OU **LA** COVID...
C'EST BIEN LE MOMENT D'EMMERDER LE MONDE AVEC CES HISTOIRES DE WOKISME !
Ranson

Friends

— Tu penses qu'on pourrait être amis ?

— Toi et qui ?

Cinquante nuances de...

Deux copines discutent :

— Alors, comment s'est passée ta Saint-Valentin ?

— Clouée au lit.

— Ouah ! Torride ! Comme dans *Cinquante Nuances de Grey* ?

— Non, comme dans *Cinquante Nuances de nausées* !

Flash info

« Lors de la dernière élection présidentielle en Russie, comme en France, pour la classe moyenne russe, la principale revendication était le pouvoir datcha. »

#PasMeTooDuTout

Deux copains discutent :

— T'as l'air soucieux, t'as des problèmes au bureau ?

— Oui, tu ne connais pas un bon avocat ?

— Si, dis-moi pourquoi.

— À cause d'une grosse incompréhension entre ma collègue de travail et moi.

— Qu'est-ce que t'appelles une grosse incompréhension ?

— Disons qu'elle m'a proposé de me décharger sur elle…

C'est logique !

— Dis-moi, rabbi, pourquoi les cheveux sur la tête d'un homme deviennent-ils gris avant la barbe ?

— Réfléchis un peu ! Ne sais-tu pas que les cheveux sur la tête d'un homme ont vingt ans de plus que sa barbe.

Un poète

Un dragueur susurre à l'oreille d'une jeune femme :

— Je serai ton hier, ton aujourd'hui et ton demain…

— Putain ! répond la jeune femme. Quelle semaine de merde !

La fable

Deux fourmis sont employées au service de nettoyage de la ville. Alors qu'elles balaient le trottoir, une superbe Ferrari rouge s'arrête à leur hauteur et une cigale en descend, couverte de bijoux.

— Je te reconnais ! Que deviens-tu ? demande l'une des fourmis.

— Ça va plutôt bien pour moi ! répond la cigale. Mon dernier album s'est vendu à plus de 5 millions d'exemplaires, et je vais bientôt faire la tournée des Zénith. Ensuite, je pars en tournée en Amérique et en Asie. Bon, je vous laisse, j'ai un rendez-vous avec le président Macron !

Alors qu'elle s'éloigne, l'une des fourmis dit à sa collègue :

— Si un jour je croise ce connard de La Fontaine, je lui dirai que c'est un véritable abruti et que ses morales à la con, il peut se les mettre au cul !

Where is Macron ?

— Où vit le Président ?

— Au palais de l'Élu usé !

Déformation professionnelle

Un homme dit à une femme :

— Chaque fois que tu souris, j'ai envie de te ramener chez moi.

— Ooooh, tu es célibataire ?

— Non, dentiste.

Position préférée

Un dragueur demande à une jeune femme :

— C'est quoi ta position préférée ?

— Assise à essayer de nouvelles chaussures !

Cure thermale

— On m'a assuré, dit un patient à son médecin, que la station thermale de Tamalou-les-Bains était très réputée pour les rhumatismes.

— En effet, répond le médecin. C'est là qu'après avoir été trempé jusqu'aux os lors d'un gros orage, j'ai attrapé les miens.

Une histoire d'informaticiens

Un informaticien meurt et il est envoyé d'office au paradis.
Là-haut, il se met à rechercher ses anciens collègues, déjà partis au ciel, mais pas moyen d'en trouver un seul !

Il va voir Dieu et lui demande où ils sont passés.

Dieu consulte les anges qui l'informent qu'il n'y a pas trace d'informaticiens ici...

Le pauvre employé, s'ennuyant vraiment trop, décide d'aller trouver ses collègues en enfer mais, surprise, le diable lui apprend qu'il n'y a pas d'informaticiens là non plus !

L'employé, ne sachant vraiment plus où aller, va voir saint Pierre en espérant en apprendre davantage :

— Saint Pierre, je suis désolé de vous déranger, mais vraiment c'est très étrange... je cherche mes ex-collègues et ils ne sont ni au paradis ni en enfer !

— Hum... c'est très étrange, en effet, lui répond saint Pierre, mais que faisais-tu comme métier ?

— Informaticien, répond l'employé.

— Haaaahhh ! s'esclaffe saint Pierre. Il fallait le dire tout de suite, ils sont à la machine à café !

Frigidité pathologique

— En dix ans de mariage, raconte un homme à son psy, ma femme n'est sortie qu'une seule fois de sa frigidité pathologique.

— Le jour où, peut-être, suggère le psy, vous l'avez préalablement émoustillée par quelques caresses ?

— Non, c'était le jour où, tandis que je m'escrimais à lui faire l'amour, elle a laissé pendre l'un de ses bras du lit et que je lui ai introduit deux doigts dans une prise de courant.

Fâcherie

— Ma chérie, tu es fâchée ?

— Oui, je suis fâchée ! Tu as gâché notre anniversaire de mariage hier.

— Mais sérieux, j'étais même pas là hier !

Rêve étrange

— La nuit dernière, dit une femme à son mari, tu as parlé pendant ton sommeil.

— Et qu'est-ce que je disais ?

— « Marc, tu es l'amant de ma femme ! Je vais te tuer à coups de revolver ! » Ça m'a beaucoup fait rire. C'est tellement invraisemblable !

— Que Marc soit ton amant ?

— Non. Tu es tellement maladroit que tu n'arriverais pas à viser avec un revolver !

Quelle appli ?

Un ado demande à sa mère :

— Maman ! Comment elle s'appelle déjà l'application qui corrige les fautes d'orthographe ?

— L'école !

IL PARAÎT QU'IL FAUT SE LEVER QUAND LE PROF ENTRE DANS LA CLASSE MAINTENANT ?
SI ON FAIT ÇA, LE NÔTRE VA CROIRE QU'ON VEUT SORTIR POUR SÉCHER LES COURS...
Danson

Pour le plaisir

Le vainqueur d'un combat de boxe amateur est dans un bien triste état : les deux yeux au beurre noir, le nez en compote et des bosses plein la tête. Aussitôt après le combat, un manager demande à le rencontrer :

— Est-ce que ça vous intéresserait de devenir professionnel ?

— Non, non, non ! Je préfère continuer à boxer pour le plaisir !

Le frotteur du métro

Dans le métro, une jeune femme dit en souriant à l'homme qui, profitant de l'affluence pendant l'heure de pointe, a glissé une main sous sa robe :

— Montez plus haut !

L'homme, surpris, hésite.

— Allez-y, montez jusqu'au-dessus de ma culotte. Vous sentirez une ceinture, détachez-la et regardez-la bien ! C'est une ceinture noire de karaté. Elle vous donnera une petite idée de la magistrale correction qui vous attend dès que nous serons en tête à tête sur le quai !

Gourmand

Une maman demande à son jeune fils :

— Théo, sois gentil et va chercher le courrier dans la boîte aux lettres.

— D'accord, maman, je prends juste un gâteau pour la route.

— La route ? Mais la boîte aux lettres est à 15 m !

— Tant que ça ? Bon, alors j'en prends deux !

Permis de conduire

Un homme dit à son médecin :

— Docteur, quand je pense à l'examen du permis de conduire qui m'attend demain, je suis saisi de panique et j'ai de terribles crampes à l'estomac.

— Cela n'a rien d'étonnant. Ces symptômes se sont-ils déjà manifestés ?

— Oui, docteur. Tous les jours depuis dix ans. C'est moi, l'examinateur.

Changement de saison

— On entre vraiment dans l'hiver, dit un homme à un collègue.

— Qu'est-ce qui te fait dire ça ?

— Mon voisin vient de me rapporter ma tondeuse à gazon qu'il m'avait empruntée au mois de mars et il m'a demandé de lui prêter ma pelle à neige.

Commerce de mes charmes

Une prostituée accoste un homme et lui dit :

— Allez monte, chéri, tu verras comment je fais le commerce de mes charmes.

— C'est que… J'aurais préféré te connaître avant la rupture de stock.

Maurice Bensoussan

C'est Maurice Bensoussan, commerçant juif, qui est accusé d'avoir violé sa secrétaire. Le jour du procès, il se présente avec tous ses potes du Sentier pour l'encourager à l'audience :

— Monsieur Bensoussan, connaissez-vous cette jeune femme ici présente ? demande le juge.

— Aïe, aïe, aïe ! Si j'la connais ? J'l'ai même niquée !

Impôts 2024

Un homme appelle son centre des impôts :

— Allô, j'ai une petite question concernant mes impôts sur le revenu.

— Laquelle, monsieur ?

— Ça se passe comment pour les impôts, cette année ? On est toujours prélevés à la source ou on peut juste payer en applaudissant le gouvernement à la fenêtre à 20 heures ?

Faites l'amour, pas la guerre

Deux hippies assis par terre ont placé, à leurs pieds, une pancarte « Faites l'amour, pas la guerre... ».

Un vieux monsieur qui passe par là sort un marqueur de sa poche, saisit la pancarte, y écrit quelque chose et repart tranquillement.

Les hippies retournent leur pancarte et découvrent ce que le vieux monsieur a ajouté : « Ou bien faites les deux : mariez-vous ! »

Médecine douce

Un adepte des médecines douces conseille un ami qui a pris un sérieux coup de froid :

— Pour te soigner, il n'y a rien de mieux que le miel.

— Ah bon ? T'es sûr ?

— Tout à fait ! Et pour preuve : t'as déjà vu une abeille enrhumée ?

Tout froissé

Avec une voix très chaude, une femme demande à son mari :

— As-tu déjà vu 20 euros tout froissés ?

— Euh… non, répond le mari.

Elle lui fait un petit sourire coquin, déboutonne son chemisier et, lentement, ôte son ravissant petit soutien-gorge à 20 euros avant de le jeter sur le lit. Elle lui demande ensuite :

— Chéri, as-tu déjà vu 50 euros tout froissés ?

— Non, répond le mari, de plus en plus excité.

Là, la femme relève lentement sa jupe, retire sa petite culotte de soie à 50 euros et la jette sur le lit.

— Maintenant, dit-elle, as-tu jamais vu 50 000 euros tout froissés ?

— Jamais, dit l'homme au comble de l'excitation.

Alors, elle lui dit :

— Jette un œil dans le garage !

Faites lever l'accusé

Au tribunal de Paris, le juge entre dans la salle et annonce :

— Accusé, levez-vous ! Levez-vous ! Monsieur Sarkozy, je vous ai demandé de vous lever !

— Mais, répond l'ancien président de la République, je suis déjà debout !

L'apprenti électricien

Un électricien dit à son apprenti :

— Gamin, prends l'un de ces deux fils, s'il te plaît !

— Ça y est, j'en ai un !

— Tu ne sens rien ?

— Non, rien du tout.

— OK, alors ce doit être l'autre. Surtout, n'y touche pas, il y a du 2 000 volts dedans.

Grosse promotion

Un patron convoque l'un de ses employés :

— J'ai une promotion à vous annoncer !

— Fantastique !

— Oui, enchaîne le patron, je fais – 50 % sur les effectifs !

Rencard ou jardinage ?

Quels sont les points communs entre un rencard et le jardinage ?

Dans les deux cas, tu termines soit par une pelle soit par un râteau.

Régime comme j'aime plus

Une femme annonce à son époux :

— Je veux donner mes vêtements aux gens qui meurent de faim.

— Mais, répond le mari, s'ils rentrent dans tes vêtements, c'est qu'ils ne meurent pas de faim, crois-moi !

Macho

Lors d'une randonnée, un homme dit à sa petite amie :

— Je dois aller chercher de l'eau.

— Avec une gourde ?

— Non, tu peux rester ici.

Une véritable hécatombe

Un matin, pendant que le fils déjeune, le père qui lisait le journal lui dit :

— Et dire qu'à chaque fois que je respire, des milliers de personnes meurent...

Et le fils lui répond :

— Bah, t'as qu'à changer de dentifrice !

Et vous, quel super-pouvoir choisiriez-vous ?

Deux copines discutent :

— Si tu pouvais avoir un super-pouvoir, tu choisirais lequel ?

— Moi, ce serait de perdre du poids en regardant quelqu'un faire du sport.

Passer à l'électrique

Deux amis se rencontrent :

— Viens voir ma nouvelle voiture. C'est une voiture électrique, c'est important de protéger l'environnement.

— Ouais, c'est vrai.

— Tu n'as pas l'air convaincu…

— Pour moi, passer de l'essence à l'électrique pour arrêter de polluer, c'est comme passer du whisky à la vodka pour arrêter de boire.

Le meilleur des papas ?

Un père très radin dit à ses enfants :

— Si vous êtes sages ce soir, je vous montrerai la photo de quelqu'un qui mange une glace !

MONSIEUR MÉLENCHON, EST-CE QUE...
TA GUEULE, ESPÈCE D'ISLAMOPHOBE ET DE FANATIQUE VENDU AU LIKOUD !
PRESSE
Ranson

La paix n'est définitivement pas pour demain !

Un Israélien est assis entre deux Arabes dans un avion qui fait Jérusalem-Amman. Un peu nerveux, il fait tout pour détendre l'atmosphère. Sans succès. Alors, quand les deux Arabes lui demandent, d'un ton provocateur, d'aller leur chercher deux jus d'orange, il s'exécute et se lève pour aller les demander à l'hôtesse.

Pendant ce temps, les deux Arabes crachent dans ses chaussures, l'Israélien s'étant déchaussé pendant le vol.

Ce dernier leur rapporte leurs jus d'orange et le reste du vol se passe sans encombre.

Quand l'avion commence à approcher de sa destination, l'Israélien remet ses chaussures et sent l'infâme bave qui traverse le tissu de ses chaussettes et lui mouille la peau.

Il se tourne vers l'un de ses voisins et lui dit :

— Vous savez, si l'on veut qu'un jour le Moyen-Orient soit en paix, il faudra que les Arabes arrêtent de cracher dans les chaussures des Israéliens et que les Israéliens arrêtent de faire pipi dans les jus d'orange des Arabes !

Le nouveau pape

Peu de temps après l'élection d'un nouveau pape, il est d'usage que le grand rabbin demande une audience et soit reçu au Vatican.

La tradition veut également que le rabbin se présente avec un plateau d'argent sur lequel est déposé un coussin de velours. Sur le coussin lui-même doit être disposée une enveloppe parcheminée à l'aspect vieilli.

Lorsque le rabbin s'avance avec le plateau, le pape est censé étendre son bras en signe de rejet, puis le grand rabbin doit se retirer. La cérémonie doit être renouvelée lorsqu'un nouveau pape est élu...

Lorsque le pape François eut à accomplir ce rituel, il se posa la question de sa signification. Il questionna les archivistes du Vatican, mais tout ce qu'ils purent lui répondre, c'est que ce rite existait depuis très, très, très longtemps.

Le jour où le grand rabbin arriva, le pape joua le rituel tel qu'il devait être joué, mais alors que le grand rabbin tournait les talons pour partir, François le rappela en lui disant :

— Mon frère, mon ami, je dois vous confesser que ce rituel que nous venons d'accomplir, et qui semble s'être déroulé depuis des siècles entre papes et grands rabbins, a une signification qui m'échappe totalement. Je comptais sur vous pour me l'expliquer.

Mais le grand rabbin lui répondit :

— Je n'en sais malheureusement pas plus que vous à ce sujet.

— Accompagnez-moi dans mes appartements privés, dit le pape, je vous offrirai un verre de vin. Et si vous êtes d'accord, nous ouvrirons ensemble cette enveloppe pour, enfin, découvrir ce qu'elle cache.

Le rabbin acquiesça.

Une fois dans les appartements papaux, devant un verre de chianti, le rabbin saisit l'enveloppe, l'ouvrit avant d'extraire le très, très vieux parchemin de ses doigts rendus tremblants par l'émotion. Et, lorsque le parchemin fut déplié, le grand rabbin et le pape constatèrent que c'était l'addition pour le dernier repas de Jésus avec ses apôtres...

Le matelas à mémoire de forme

Deux amis discutent :

— Je viens de m'acheter un nouveau matelas à mémoire de forme.

— Et c'est bien ?

— Non, depuis que je l'ai, j'ai peur de me faire gauler si ma maîtresse s'allonge dessus !

Problème d'œsophage

Un nonagénaire consulte le docteur pour une douleur à la poitrine au côté droit.

Après la radio, le praticien conclut :

— Vous avez l'œsophage décalé. Nous allons devoir vous opérer.

Après l'intervention, le patient se présente pour un examen de contrôle et se plaint :

— Docteur, je vais beaucoup mieux, mais j'ai souvent très chaud à la poitrine.

— C'est normal, répond le chirurgien, car maintenant vous avez l'œsophage central.

Le prénom

— Papa, pourquoi ma sœur s'appelle Florence ?

— Parce qu'elle a été conçue à Florence.

— Merci, papa.

— De rien, Confinement.

Une menace

Une jeune femme menace son petit ami :

— Un mot de plus, et je te quitte définitivement !

— Taxi !

Les deux golfeuses

Une blonde et une brune sont sur un parcours de golf. La brune s'installe sur le tertre de départ, lève son club et frappe la balle en l'envoyant à plus de 200 m. La blonde prend place à son tour et frappe à 300 m. Immédiatement après, elle met sa main dans sa petite culotte.

Viens le trou n° 5, et les deux filles se placent sur le départ. La brune frappe, puis vient le tour de la blonde, qui frappe et met à nouveau sa main dans sa petite culotte. Intriguée, la brune lui demande :

— Pourquoi mets-tu ta main dans ta culotte après chaque coup de départ ?

— Ben, t'as pas vu l'affiche ?

La brune se retourne et voit une affiche sur laquelle est écrit : « Merci de bien vouloir remettre la touffe en place après avoir frappé la balle. »

Devinette

Comment appelle-t-on un politicien qui a perdu une élection ?

Un macroniste.

Oups

— Ma belle-mère a chopé la Covid. Je l'ai emmenée à la morgue.

— À la morgue ?

— Non, pardon, à l'hôpital. Je prends parfois mes désirs pour la réalité.

Allumez le feu

Dans la cour d'un hôpital psychiatrique, un fou veut allumer sa cigarette. Il sort une allumette, mais elle ne s'allume pas. La seconde non plus. Pas plus que la troisième, la quatrième et la cinquième. Mais la sixième s'enflamme !

— Chouette ! s'exclame le fou. Elle est bonne, celle-là !

Et il l'éteint avec soin pour la mettre de côté pour la prochaine fois.

Un débat très risqué

Un juif et un catholique se disputent pour savoir qu'elle est la meilleure des religions. Le juif dit :

— Ce sont les juifs qui sont les meilleurs. La preuve, tous les super-héros sont juifs !

— Comment ça ? répond le catholique.

— Eh bien oui, tous les noms de super-héros se terminent par « -man » : Batman, Superman, Spider-Man…

FRANCHEMENT, VOUS NE POUVEZ PAS OCCUPER UN EMPLOI D'HÔTESSE D'ACCUEIL VÊTUE COMME ÇA !
VOUS N'AVEZ QU'À ME METTRE EN TÉLÉTRAVAIL...
DRH
Rançon

Excuse à la con

Un matin, dans une classe :

— Pourquoi êtes-vous en retard, Léo ? interroge sévèrement le professeur.

— Parce que je sors trop tard de chez moi, répond l'élève.

— Dans ce cas, pourquoi n'êtes-vous pas parti plus tôt ?

— Parce qu'il était trop tard pour partir plus tôt, monsieur !

Les citations les plus drôles

« Sans le nazisme, on n'aurait pas les clés pour comprendre *La Grande Vadrouille*. »

Gaspard Proust

Devinette

Qu'est-ce que deux anorexiques avec des menottes ?

Un nunchaku.

Le Père Noël est une ordure

Le Père Noël est en Haïti. Il demande pourquoi les enfants sont si maigres.

On lui répond que c'est parce qu'ils ne mangent pas.

— Ah, ils ne mangent pas ! Pas de cadeaux, alors !

C'est sûr, c'est la fin du monde

Un homme va voir sa femme et lui dit :

— C'est terrible, nous sommes au bord de la Troisième Guerre mondiale, c'est le retour de la guerre froide avec les Russes, et une pandémie pire que celle de la Covid est en train de contaminer la planète. Ma chérie, on va tous mourir bientôt !

— Oh, je te vois venir, toi ! répond la femme. C'est toujours non pour la sodomie !

Témoignage

« Quand j'étais enfant, l'heure du dodo était 21 heures. J'avais hâte d'être adulte pour choisir l'heure à laquelle je devais me coucher. Finalement, c'est 21 heures aussi. »

Le mariage pour toutou

Lapin rose et Ours bleu se promènent et trouvent une lampe magique... Ours bleu la ramasse et la frotte pour faire sortir le génie.

— Oh ! Vous êtes deux, mais vous avez quand même le droit à trois vœux chacun.

— Merci, dit Ours bleu. Je voudrais que tous les ours de la forêt soient des femelles...

Aussitôt dit, aussitôt fait.

Puis, c'est au tour de Lapin rose :

— Moi, j'aimerais avoir une moto...

Son vœu se réalise.

Ours bleu n'est pas d'accord et dit à Lapin rose :

— Il vaut mieux faire un vœu que tu ne peux pas réaliser dans la vraie vie. Je voudrais que tous les ours de la planète soient des femelles.

Mais le génie avait déjà réalisé son vœu.

— D'accord, j'ai compris, je voudrais un casque de moto…

Là aussi, le vœu est réalisé.

— Mais non, putain... écoute, je veux que toutes les femelles de la planète n'aiment que les garçons, donc pas de femelles ours lesbiennes...

Le génie, tellement il est fort, réalise le vœu.

— OK, je suis sûr d'avoir compris, je veux... je veux que Ours bleu soit gay !

Correcteur automatique

Un homme voit un ami assis sur un banc dans le froid.

— Mais que fais-tu dehors ?

— Ma femme m'a foutu à la porte.

— Pourquoi ?

— Ce matin, après l'avoir fait pleurer à cause de sa prise de poids, je lui ai envoyé « Lardon » au lieu de « Pardon » par SMS.

Danger école

Un jeune Corse ne veut pas aller à l'école. Sa mère ne l'entend pas de cette oreille :

— Allez ! Debout, Ange ! Tu vas être en retard !

— Non, je ne veux pas mourir…

— Mais, Ange, quelle idée ! Tu ne vas pas mourir en allant à l'école !

— Si ! J'ai vu aux informations que quelqu'un était mort parce qu'il en savait trop !

Des menaces très efficaces

Un vieux Juif attend, dans un bloc opératoire, pour se faire opérer.

Il a insisté pour que ce soit son fils, un chirurgien réputé, qui pratique l'opération.

Avant que l'anesthésiste ne l'endorme, il fait signe à son fils de s'approcher et lui dit :

— Ne sois pas nerveux, mon fils, fais juste ton boulot, mais n'oublie pas que si quelque chose m'arrive, ta mère va venir vivre avec toi et ta femme.

Recherche maison à vendre

Un homme souhaite acheter une villa sur la Côte d'Azur. Il en visite une, très belle, mais qui se trouve juste à proximité d'une voie ferrée. Peu emballé, il dit à l'agent immobilier qui l'accompagne :

— C'est bien, les pièces sont spacieuses, l'ensemble est bien aménagé, mais quand même, ces trains qui passent en permanence… Quelle nuisance !

Afin de conclure la vente, l'agent relativise :

— Vous savez, c'est gênant les trois premiers jours. Ensuite, je vous assure, vous vous y habituerez et ne le remarquerez même plus.

— Parfait alors… J'achète la villa ! Et les trois premiers jours, j'irai à l'hôtel.

007

Deux copains discutent :

— Moi, au boulot, on me surnomme 007.

— Ah oui ! Pourquoi ?

— 0 motivation, 0 compétence et 7 pauses clopes !

Le Saviez-vous ?

Le plus beau bébé du monde est né à Katmandou.

Il est né pas laid.

Devinette à la con

Pourquoi les brioches industrielles ne vont pas aux sports d'hiver ?

Parce qu'elles ne savent Pasquier.

Le plein, s'il vous plaît

Paniquée, une mère appelle le Samu :

— Allô, docteur ! Je suis très inquiète, mon fils vient de boire 1 litre d'essence et il court partout dans la maison !

Le médecin la rassure :

— Oh, ne vous inquiétez pas, il tombera bientôt en panne !

à MéDiTeR

On a tous des amis magiciens, ils disparaissent quand on a besoin d'eux et apparaissent quand ils ont besoin de nous.

Chez le nutritionniste

Une femme rend visite à son nutritionniste :

— Comment avez-vous supporté le régime que je vous avais prescrit ?

— Mal ! Je ne parviens pas à le suivre. C'est trop dur !

— Qu'avez-vous trouvé de compliqué ? Le début ? Le milieu ?

— Non, c'est la faim !

Recette pratique

Voici quelques conseils du chef Philippe Etchebest :

- L'œuf à la coque, c'est trois minutes.

- L'œuf dur, c'est dix minutes.

- Et l'œuf-talmo, c'est au moins six mois avant d'avoir un putain de rendez-vous.

Maboule

Un homme joue à la pétanque devant un hôpital psychiatrique. Il lance une boule un peu trop fort et celle-ci rentre dans l'établissement. Alors qu'il court après, les infirmiers l'arrêtent et lui demandent ce qu'il vient faire. L'homme s'exclame :

— Je suis ma boule ! Je suis ma boule !

On ne l'a jamais vu ressortir de l'asile.

FLASH INFO

« Il vient d'y avoir un déversement accidentel de Viagra dans l'eau de la Seine. Le gouvernement français craint une "bandémie" touchant toute l'Île-de-France. »

On n'est jamais trop prudent

Un homme raconte à un ami :

— Ma belle-mère a été kidnappée !

— C'est terrible !

— Oui, les ravisseurs voulaient m'envoyer un doigt pour la reconnaître.

— C'est vraiment horrible !

— Mais j'ai demandé la tête pour être plus sûr.

Une abomination

Pendant son homélie, un prêtre assène :

— La GPA est une véritable abomination. Dieu nous le dit clairement !

— Mon père, l'interrompt un paroissien, c'était avant ou après avoir fait porter son fils par une vierge de 16 ans ?

SI LES PRÊTRES POUVAIENT SE MARIER, IL Y AURAIT MOINS D'AFFAIRES DE PÉDOPHILIE DANS L'ÉGLISE, JE PENSE...
OUI, MAIS S'ILS ONT DES ENFANTS UNE FOIS QU'ILS SONT MARIÉS ?
ON N'AURA QU'À MARIER CES ENFANTS DÈS LEUR PLUS JEUNE ÂGE POUR LES SOUSTRAIRE AUX CURÉS.
Ranson

Fausse citation

« Amis enseignants, pour avoir une bonne retraite, épousez un bon élève. »

Brigitte Macron

Plan de paix au Moyen-Orient

Un Juif et un Palestinien discutent tous les deux à la terrasse d'un café :

— Vous savez, nous devrions arrêter de nous battre. Après tout, on est cousins, on a tant de choses en commun. Regardez, vous adorez le dieu d'Abraham, nous aussi. Vous ne pouvez pas manger de porc, nous non plus. Vous êtes circoncis, nous aussi.

Et le Juif de répliquer :

— Vous êtes en Palestine, nous aussi.

Menu découverte

Dans un village africain, un cannibale s'adresse à un ethnologue ficelé sur le feu :

— Tu t'appelles comment ?

— Pourquoi ? demande l'ethnologue.

— C'est pour marquer ton nom sur le menu.

M. et Mme

M. et Mme Kuzbidon ont un fils. Comment s'appelle-t-il ?

Alex (« Ah ! l'excuse bidon »).

La position

Un médecin demande à son patient :

— Comment dormez-vous ?

— Avant, j'étais chasseur, je dormais en chien de fusil.

— Et maintenant ?

— Depuis que je suis musicien, je dors sur le *do*.

Femme des années 2020

— Chéri ?

— Oui, ma puce ?

— Tu sens cette odeur de nourriture dans la cuisine ?

— Non.

— Moi non plus. Alors, dépêche-toi de faire à manger au lieu de glander devant le foot !

Grosse migraine

Un brave garçon est venu faire la connaissance des parents de sa fiancée. Le repas touche à sa fin lorsque la jeune fille se plaint de migraines.

Le jeune homme l'accompagne jusqu'à sa chambre... et ne redescend qu'une heure et demie plus tard.

Le papa de la jeune fille lit son journal dans le salon et, en voyant revenir le prétendant, il lui dit :

— Vous êtes resté bien longtemps auprès d'elle, mon garçon !

— Oui ! Elle n'était pas bien. Je lui ai donné un petit médicament.

Le père observe le jeune homme qui a la braguette ouverte et lui répond :

— Bien, bien ! Maintenant qu'elle a pris son médicament, refermez donc votre armoire à pharmacie.

Divorce dans la famille Trump

Les Trump jouent au golf quand soudain, Melania se tourne vers son mari et lui demande :

— Mon cœur, si je mourais, tu te marierais de nouveau ?

— Oh non, mon amour, répond Donald Trump.

— Je suis sûre que si.

— Bon, ben, peut-être alors.

— Et tu la laisserais dormir dans notre lit ?

— Oui, je pense.

— Et tu la laisserais utiliser mes clubs de golf ?

— Ah, certainement pas, elle est gauchère !

Management à la McKinsey

Le nouveau patron d'une grande firme est déterminé à débarrasser la compagnie de ses employés les moins productifs.

En visitant l'une de ses usines, dans une pièce remplie de salariés, il remarque un gars appuyé contre le mur, les bras croisés. Il lui demande :

— Combien gagnes-tu par mois ?

Un peu surpris, le jeune homme lui répond :

— Je gagne 1 200 euros par mois, pourquoi ?

Le patron lui dit alors :

— OK, ne bouge pas de là !

Il retourne dans les bureaux, revient deux minutes plus tard, donne 1 200 euros comptant au gars et lui lance :

— Voici un mois de salaire, maintenant fiche le camp et ne reviens plus.

Du regard, le patron fait le tour de la pièce et demande :

— Est-ce que quelqu'un peut me dire ce que cet incompétent faisait ici ?

À l'autre bout de la pièce, une petite voix répond :

— C'était le gars qui attendait d'être payé pour les pizzas qu'on avait commandées.

Une idée de reconversion ?

Que serait Nicolas Sarkozy avec 30 cm de moins ?

Passepartout.

Le racisme c'est mal !

Dans la rue, un petit garçon demande à sa mère :

— Maman, c'est quoi le racisme ?

— Le racisme, c'est très mal, mon enfant... mais range ton téléphone, il y a un Arabe derrière toi !

La position de la carte bleue

— On fait l'amour, ma chérie ?

— OK, mais seulement dans la position de la carte bleue.

— La position de la carte bleue ?

— Oui.

— C'est comment la position de la carte bleue ?

— C'est sans contact.

Une envie pressante

Dans une salle d'attente, deux fous attendent de voir le médecin. L'un dit à l'autre :

— Tu sais, j'ai une terrible envie de faire pipi…

— Fais dans le vase à côté de toi, lui conseille l'autre. Ensuite, tu jettes le tout par la fenêtre.

à MÉDITER

À Marseille, on dit plus souvent « la BAC a eu mon fils » que l'inverse !

Peu après, des cris se font entendre dans la rue :

— Aïe, aïe, aïe ! Quel est le crétin qui m'a fracassé la tête ?

Le fou regarde son comparse et lui dit :

— Ben, mince alors… Je n'avais pas imaginé qu'il y avait quelqu'un dans le vase !

C'est la crise

Deux amis parlent politique :

— Il n'y a plus d'argent dans les caisses.

— Oui. J'imagine bien Bruno Le Maire faire le tour de tous les salons de Bercy pour essayer de trouver des pièces de monnaie entre les coussins des canapés.

Ça commence par un K

Deux petites vieilles juives reviennent du marché à Jérusalem :

— Qu'est-ce que t'as acheté, dis-moi ?

— Ce que j'ai acheté ? Devine !

— Je ne sais pas.

— Ça commence par un K.

— Par un K ? Des krevettes ?

— Non, presque ! Des krévices.

Témoignage

« Mon plus beau souvenir d'enfance, c'est quand j'ai fait des châteaux de sable avec mon papi. Bon, après, ma grand-mère m'a repris l'urne en gueulant. »

Des chibres et des lettres

Trois hommes, deux Blancs et un Noir, vont se doucher après un match de foot. Le premier Blanc s'apprête à entrer la cabine, mais le deuxième passe devant lui et lui dit :

— Oh, tu as un tatouage « SE » sur le pénis.

— Oui, c'est le prénom de ma petite copine mais en vrai, quand j'ai une érection, c'est écrit « Sophie ».

Le deuxième Blanc se douche, mais le Noir passe devant lui et lui dit :

— Oh, tu as un tatouage « SE » sur le pénis.

— Oui, c'est le prénom de ma petite copine, elle s'appelle Sandrine, mais on ne le voit que lorsque je suis en érection !

Le Noir se douche et les deux Blancs passent devant lui et lui disent :

— Oh, toi aussi tu as le même tatouage que nous, « SE ».

Et le Noir de répondre :

— Oui, mais moi c'est le nom de mon village natal qui est écrit. Là, il n'est pas visible en entier mais quand je bande, c'est écrit « Santa Maria de la Guadeloupe » !

SI ON VEUT QUE LE PETIT DEVIENNE MINISTRE UN JOUR, IL FAUDRA L'INSCRIRE DANS LE PRIVÉ...
ALORS CHEZ LES RÉACS DE STANISLAS PLUTÔT QU'À L'ÉCOLE ALSACIENNE ! J'AI PAS ENVIE QU'IL DEVIENNE HOMOSEXUEL !
Ranson

Les citations les plus drôles

« Il faut avoir le courage de reconnaître que les nazis ont commis des erreurs. Envahir la Pologne au lieu de la Suisse, c'est comme habiter en face de la Banque centrale et braquer le kebab. »

Gaspard Proust

Complètement pompette

Les gendarmes arrêtent une voiture qui zigzaguait à petite allure sur une route de campagne.

— Gendarmerie nationale ! Vos papiers, s'il vous plaît !

— Ah non… je ne peux pas les attraper, je suis complètement pompette ! J'ai bu une bouteille de whisky, du vin, du champagne et de la bière… et aussi…

— Allez, ça suffit ! Vous allez souffler dans le ballon.

— Ben pourquoi ? Vous ne me croyez pas ?

à MÉDITER

Se lever de son lit pour un homme est la deuxième chose la plus dure chaque matin.

Parler aux morts

Deux petites vieilles discutent sur un banc :

— T'as déjà essayé le spiritisme, toi ?

— Non, répond l'autre petite vieille, les vivants me font assez chier pour que j'aille, en plus, parler aux morts.

Lèche-vitrines

Une jolie jeune femme entre dans une boutique et demande au vendeur :

— Monsieur, puis-je essayer ce maillot de bain, là dans la vitrine ?

— Bonne idée, répond le commerçant, ça attirera le client !

M. et Mme

M. et Mme Bromarchepamésilédoi ont une fille. Comment s'appelle-t-elle ?

Sylvie (« Si le vibro marche pas mets-y les doigts »).

Baby-sitting

Un couple va au cinéma. En plein milieu d'un western particulièrement palpitant, une scène dramatique montre l'héroïne faite prisonnière par les Indiens, ficelée à un poteau de torture avant d'être scalpée. La femme donne alors un coup de coude à son mari :

— Chéri, tu devrais téléphoner à la maison pour demander à la nouvelle baby-sitter comment ça se passe avec les enfants.

Une vraie insulte

Une jeune femme s'énerve contre son petit ami :

— Je ne te supporte plus ! Tu fais ressortir ce qu'il y a de pire en moi. Tu sais ce que t'es ?

— Non. Quoi ?

— Tu n'es qu'un petit miroir grossissant de salle de bains.

WWIII

Un Russe arrive à Moscou après un long séjour dans un trou perdu de Sibérie.

— Quelles sont les nouvelles ? demande-t-il.

— On est en guerre contre l'Otan en Ukraine, lui répond-on.

— Ça alors ! Et quel est le bilan ?

— 15 000 morts, 600 blindés détruits et 80 avions abattus...

— Côté Otan ?

— Non, chez nous... l'Otan, elle n'est pas encore entrée en guerre.

Devinette à la con

Pourquoi les marchands de savon font-ils fortune ?

Parce que leurs clients les savent honnêtes.

Mauvais choix de carrière

Deux mamans discutent :

— T'as l'air catastrophée. Que se passe-t-il ?

— Mon fils, qui oublie régulièrement son sac à dos pour l'école, vient de m'annoncer qu'il voulait être parachutiste.

Trop immature

Un homme demande à un ami :

— Pourquoi as-tu divorcé ?

— Parce qu'elle était intellectuellement bien trop gamine pour moi. Elle arrivait toujours par-derrière, dans mon bain, pour couler tous mes canards !

0 + 0

Un jeune garçon rentre à la maison avec un carnet de notes rempli de zéros. En colère, son père lui dit :

— Quand Emmanuel Macron avait ton âge, il était premier de la classe !

— Oui, papa, mais quand il avait ton âge à toi, il était déjà président de la République depuis longtemps !

Un petit remontant

Un mendiant s'évanouit dans la rue. Le voilà bien vite entouré de curieux, lui prodiguant chacun des conseils :

— Le pauvre, qu'on lui donne un whisky ! dit une vieille dame.

— Écartez-vous, laissez-le respirer, dit un jeune homme.

— Donnez-lui un whisky, répète la vieille dame.

— Il faut l'emmener à l'hôpital, dit un troisième.

Et la discussion va bon train jusqu'au moment où la victime se redresse et dit :

— Un peu de silence, tout le monde. Qu'on fasse, une bonne fois pour toutes, ce qu'a conseillé la petite mamie !

Déclaration de revenus

Un homme appelle le centre des impôts :

— Bonjour, j'ai une question. Pour la déclaration de revenus, dans la case « personne à charge », puis-je mettre Volodymyr Zelensky ?

Devinette

Quelle est la différence entre un Picasso et Jésus ?

Il ne faut qu'un seul clou pour accrocher le Picasso.

NON, GÉRARD, DÉSOLÉ MAIS CE RÔLE DE SCHTROUMPF N'EST PAS POUR TOI...
EN PLUS TU AS MIS LA CULOTTE DE SCHTROUMPF À L'ENVERS...
Ranson

Le point commun

Quel est le point commun entre une biscotte et Nicolas Sarkozy ?

Tous les deux sont grillés.

Quand j'aurai fini l'école...

Dans la cour de l'école, des enfants discutent de leur avenir.

— Moi, quand j'aurai fini l'école, je serai astronaute, affirme l'un.

— Moi, quand j'aurai fini l'école, je serai une star du foot. Et toi Théo, qu'est-ce tu seras quand tu auras terminé tes études ?

Et Théo de répondre aussitôt :

— Je serai… fou de joie !

Les visiteurs

Deux amis parlent d'actualité :

— T'as vu ? Les agriculteurs vont envahir Paris.

— Ça va faire bizarre aux Parisiens de voir des pauvres ailleurs qu'en vacances à Marrakech.

Code marseillais

Un vieux Marseillais roule en zigzag, à gauche, au milieu, à droite. Un Lyonnais roule derrière, le rattrape et lui dit :

— Hé, papi, tu veux pas arrêter de changer de file sans arrêt ?

— Oh, fada, répond le papi, ici à Marseille on roule ni à droite ni à gauche.

— Ah bon ? Et vous roulez où, à Marseille ?

— On roule à l'ombre.

Une nuit cauchemardesque

— T'as l'air fatigué.

— Oui, j'ai fait des cauchemars toute la nuit. J'ai rêvé que je jouais à cache-cache avec mon banquier et, à chaque fois qu'il me trouvait, il criait : « Découvert ! »

Sacrée soirée

Au cours d'une réception très arrosée, un invité dit à son hôte, avec un clin d'œil appuyé :

— J'ai un service à vous demander. J'ai beaucoup… disons, sympathisé avec la jolie blonde. Est-ce qu'elle et moi pourrions nous isoler pendant un quart d'heure dans votre chambre d'amis ?

— Mais… et votre femme ?

— Oh, répond l'homme en riant, je ne crois pas qu'elle se rendra compte de mon absence.

— Non, ce n'est pas possible. Enfin, ce que je voulais dire, c'est qu'elle est déjà enfermée dans la chambre d'amis depuis près d'une heure avec trois jeunes garçons charmants. Vous et votre blonde allez devoir attendre qu'elle en sorte.

Témoignage

« Je tire une de ces gueules aujourd'hui. C'est bien simple, je ressemble à ma carte d'identité. »

La fête des voisins

— Tu ne t'ennuies pas trop quand je suis au travail ? demande un mari à sa femme.

— Non, pas du tout. D'autant que toutes les voisines du quartier se relaient pour me tenir compagnie à tour de rôle.

— C'est gentil de leur part, mais pourquoi font-elles ça ?

— Je ne sais pas. Ça a commencé le jour où j'ai confié à l'une d'elles que, lorsque je me sentais seule, je trouvais du réconfort en jouant de la batterie.

Oups

Une jeune femme raconte à une copine :

— Je voulais raser rapidement mes parties intimes. J'ai alors utilisé mon téléphone comme miroir.

— Normal, et ?

— Et tout allait bien jusqu'à ce que je commence à avoir des likes.

On en a plein les fouilles

Un archéologue travaille sur des fouilles dans le désert du Néguev en Israël. Un jour, il fait une découverte extraordinaire.

À l'intérieur d'un caveau, il découvre une sorte de sarcophage contenant un corps momifié. Aussitôt, l'archéologue examine la momie avec tous les moyens dont il dispose, puis il appelle le conservateur du musée de Jérusalem :

— Je viens de découvrir une momie vieille de trois mille ans. Il s'agit d'un jeune homme qui est mort d'une crise cardiaque !

Le conservateur du musée est enthousiaste :

— C'est exceptionnel. Il faut vite faire apporter la momie ici pour qu'on vérifie tout ça !

Le lendemain, la momie arrive dans le laboratoire du musée. Le conservateur et une équipe de scientifiques procèdent à une batterie d'examens puis, au bout d'un mois, le conservateur appelle l'archéologue pour lui donner les résultats :

— Vous aviez tout à fait raison pour la tranche d'âge de la momie, ainsi que pour la cause de la mort. C'est incroyable, comment avez-vous fait pour deviner ?

— C'est facile, répond l'archéologue, le corps momifié tenait un bout de papier dans sa main où il était écrit : « 100 000 shekels sur Goliath. »

Jeux de rôle coquins

Deux amis discutent :

— Ça va toujours, sexuellement, avec ta femme ?

— Bof, on adore faire des jeux de rôle sexuels. En ce moment, c'est le métier d'ophtalmo.

— Ah bah, c'est super.

— Non, ça fait six mois que je suis sur sa liste d'attente.

Pneus crevés

En voyant sa fille de tout juste 18 ans, qui allait prendre pour la première fois la route seule, un papa s'inquiète :

— As-tu pensé qu'un des pneus peut crever ?

— Non, papa, t'as raison de m'y faire penser.

— Tu vas donc vérifier que le cric est dans le coffre ?

— Non. Pour être sûre de trouver de l'aide auprès d'un gentil automobiliste, je vais mettre une jupe plus courte.

Vélo d'appartement

Un homme entre dans sa chambre et demande à sa femme :

— Tu fais quoi sur ton vélo d'appartement ?

— Bah, je m'entraîne.

— Pourquoi ne pédales-tu pas ?

— Parce que je suis en pleine descente !

La différence

Quelle est la différence entre une sorcière, une femme de ménage et une bourgeoise ?

L'emplacement du balai !

FINALEMENT, ÇA SIGNIFIE QUOI "DE LA RIVIÈRE À LA MER" ?
C'ÉTAIT LE SLOGAN DE TOUS CEUX QUI VOULAIENT FUIR PARIS ET LES BORDS DE SEINE POUR ALLER À LA MER DURANT LES JEUX OLYMPIQUES.
FROM THE RIVER TO THE SEA !
Ranson

Satisfait ou remboursé

Un naïf achète une voiture d'occasion. Il roule avec pendant plusieurs jours puis, se rendant compte qu'il s'agit d'un affreux tacot, il la ramène au vendeur.

— Désolé, dit celui-ci, mais nous n'acceptons aucun retour.

— Mais, proteste le naïf en montrant son bon de garantie, lisez vous-même : « Votre argent vous sera restitué en cas de non-satisfaction » !

— En effet. Mais votre argent nous a donné entière satisfaction, monsieur.

Constipé

Dans des toilettes publiques, deux constipés sont dans des cabines voisines. Depuis plusieurs minutes, à travers la paroi, on les entend pousser, pousser, pousser… en vain. Tout à coup, dans la cabine du premier, on entend un plouf.

— Veinard ! soupire le premier.

— Tu parles ! répond le deuxième, c'est mon téléphone…

Intouchables, la suite

Un homme rend visite à un ami. Le pauvre est paralysé suite à un accident de voiture.

Ils papotent un peu dans le salon et puis, au bout d'un moment, celui qui est impotent dit à son pote :

— Dis-moi, peux-tu me rendre un petit service ?

— Mais oui, bien sûr.

— Tu veux bien monter là-haut pour me chercher mes charentaises ? J'ai oublié de les mettre quand tu es arrivé.

L'homme monte à l'étage sans se faire prier et il tombe sur les deux filles de son ami, deux superbes jeunes femmes en peignoir de bain sortant de leur douche.

Dragueur dans l'âme, il attaque à fond :

— Salut, les filles. C'est votre papa qui m'envoie pour vous faire l'amour à toutes les deux !

Les deux filles le regardent, interloquées :

— N'importe quoi ! Papa n'aurait jamais dit une chose pareille !

— D'accord, répond l'ami en souriant, on va vérifier...

Alors, il se retourne et interpelle son pote au bas de l'escalier :

— Toutes les deux ?

— Ben oui, les deux évidemment !

La vieillesse est un naufrage

Deux petites vieilles se croisent dans la rue :

— Je t'ai appelée toute la journée ! Regarde mon téléphone !

— Raymonde, c'est une calculatrice !

à méditer

Le problème du matin, c'est que c'est trop tôt.

Leçon d'anglais

I need I go, ça veut dire « Maire de Paris ».

Un bon conseil pour les parents

Le père de Toto se rend chez le médecin :

— Docteur, mon fil ne fait que des bêtises à longueur de journée. Comment faire pour qu'il arrête ?

— Achetez-lui un vélo, conseille le médecin.

— Ah bon ? Et vous croyez qu'il arrêtera ses imbécillités ?

— Non, mais il ira certainement les faire plus loin.

Témoignage

« Je viens de finir l'œuvre littéraire la plus flippante du monde. Ça s'appelle : "Relevé de carte de crédit de décembre". »

Devinette à la con

Que fait une lampe qui se fait agresser ?

Elle crie à LED.

Tattoo master

Deux hommes discutent :

— On a beaucoup écrit sur moi.

— Ah, vous êtes connu ?

— Non, tatoué.

Le Saviez-vous ?

Il paraît que si l'on appuie sur le clitoris et le point G en même temps, ça prend une capture d'écran.

Un homme romantique

Par un beau soir de printemps, assis à une terrasse, près de sa femme, un vieil homme sirote son apéritif. Soudain, il lui dit :

— Je t'aime tellement, je ne sais pas comment je pourrais vivre sans toi !

— Est-ce que ça vient de toi ou est-ce le Ricard qui te fait parler ? lui demande sa femme.

— C'est moi qui parle au Ricard !

On n'est jamais trop prudent

Une petite vieille s'apprête à prendre l'avion pour la première fois. Elle interroge le pilote :

— Êtes-vous sûr qu'il n'y a aucun danger ? Et si l'un des réacteurs tombait en panne pendant le vol ?

— Ne vous inquiétez pas, tente de la rassurer le pilote, il y a quatre réacteurs.

— Et si les quatre tombaient en panne en même temps ? insiste la petite vieille.

— Ne vous inquiétez pas, lui répond le pilote, nous ne vous laisserions pas en l'air.

En voilà un prénom original

Un homme se présente au bureau de l'état civil pour déclarer la naissance de son fils.

— Comment voulez-vous l'appeler ? demande l'employé de mairie.

— Torticolis ?

— Comment ?

— Torticolis. C'est une allusion à la façon dont il a été conçu.

— Je ne comprends pas.

— On voit que vous n'avez jamais fait l'amour dans une Smart.

Le plus heureux des hommes

Une femme susurre à son mari :

— Cette nuit, bébé, je vais faire de toi l'homme le plus heureux du monde !

— Ne dis pas n'importe quoi ! lui répond son époux. Qui va t'aider à déménager au milieu de la nuit ?

C'est une bonne question

Si je télécharge un film illégalement depuis la Martinique, est-ce que ça fait de moi un pirate des Caraïbes ?

à MéDiTeR

Telle la coquille sans son Q, la carotte n'a pas vraiment le même goût sans son A !

Burn-out

Un homme rencontre un ami et lui confie :

— Ma femme travaille beaucoup trop en ce moment, elle est fatiguée.

— À quoi tu vois ça ?

— Je l'ai remarqué en regardant les relevés de banque. La pauvre, ça lui arrive régulièrement de s'arrêter dans des hôtels faire des siestes d'une heure en pleine journée.

Le naufrage

Un navire est en train de couler. Affolé, le capitaine se rend sur le pont et lance des fusées de détresse.

Une passagère, furieuse et en panique, se précipite sur lui et l'apostrophe :

— Vous ne croyez pas que le moment est mal choisi pour lancer un feu d'artifice ?

Mea culpa

Je regrette toutes ces personnes que j'ai laissées tomber durant toutes ces années. Prof d'escalade n'était peut-être pas ma vocation, en fin de compte.

Une bonne astuce

Un homme dit à un ami :

— Quand je vais chez ma maîtresse, je gare toujours ma voiture à l'emplacement réservé de son mari. Et je laisse un bout de papier avec mon numéro de téléphone derrière le pare-brise. Il m'appelle toujours pour libérer sa place de parking. Ainsi, je suis sûr qu'il ne rentre jamais à l'improviste.

C'est une bonne question

Faut-il épouser sa maîtresse ou maîtriser son épouse ?

Les citations les plus drôles

« J'ai si peu de sex-appeal que mon gynécologue m'appelle monsieur. »

Joan Rivers

Prix hors-sol

Un homme entre dans un magasin d'instruments de musique et demande au vendeur :

— Elle est à combien, cette guitare ?

— 500 euros.

— Pouah, elle est super chère !

— Je vous l'accorde.

— Bah, j'espère bien à ce prix-là !

Anatomie d'une chute !

Deux bibliothécaires se disputent :

— Chut.

— Chuut.

— Chuuutt !

— Chuuuuuttt !

— Chuuuuuutttttttt !

— Chuuuuuuuuuuuuuuttt !

Poutine et la liberté de la presse

Un journaliste interroge le président Vladimir Poutine :

— Monsieur le Président, on dit que la liberté de la presse est menacée dans votre pays.

— C'est vraiment une honte de dire ça ! Mais, au fait, rappelez-moi votre nom et votre adresse…

Témoignage d'un électeur

« Je suis vraiment très déçu que Macron ne puisse pas se représenter… Ça m'aurait donné l'occasion de ne pas voter pour lui. »

Un vrai régime qui fonctionne

— Docteur, je ne peux pas manger de foie gras, ni de caviar, ni de homard.

— Vous êtes allergique ?

— Non, j'ai un salaire de merde !

à MéDiTeR

Le mariage, c'est quand ta femme partage son compte en banque mais pas son lit.

La visite du Colisée

À Rome, un guide fait visiter le Colisée à un groupe de personnes âgées françaises.

— Que dites-vous de cette merveille ? demande le guide à Mme Cohen.

— Je dis que lorsqu'on n'a pas assez d'argent pour terminer les travaux, on ne commence pas à construire !

C'EST QUOI CETTE HISTOIRE DE RÉARMEMENT DÉMOGRAPHIQUE ?
POURQUOI ON FERAIT DES GOSSES, NOUS ?
POUR PAYER LA DETTE, BANDE DE NAÏFS !
Ranson

Le SMS

Deux blondes discutent :

— Regarde, j'ai envoyé un message à mon mec avec ton téléphone et il m'a répondu : « Salut mon amour ».

— Hoo, il est trop mignon. Il arrive à reconnaître ta façon d'écrire.

Les amis de l'ENA

Discussion entre deux copains de promo d'une grande école, glandeurs professionnels :

— J'ai appris que tu étais entré dans un ministère… Qu'est-ce qui t'a pris ?

— C'était ça ou bien travailler…

Salle de sport

— Tu t'es remis au sport ?

— Oui, ce matin, j'ai fait dix minutes de tapis roulant.

— C'est tout ?

— Oui, ensuite la police est arrivée et m'a fait descendre de la caisse du supermarché.

Dieu a dit à Gérald

Dieu a dit à Gérald Darmanin :

— Que la lumière soit !

Et Darmanin lui a répondu :

— Hé, toi, le clodo avec l'accent moyen-oriental, t'as tes papiers ?

Un chien à la synagogue

Alors qu'il célèbre l'office du vendredi soir, un rabbin remarque que l'une de ses ouailles est venue à la synagogue avec son chien, un bon vieux gros saint-bernard !

Le rabbin, horrifié par cet affront, demande au chantre de continuer l'office et va parler avec l'irrespectueux.

— Qu'est-ce que vous faites dans ce lieu avec votre chien ? demande le rabbin.

— Ben, c'est le chien qui a demandé à venir prier…

— Hé ho, faudrait voir à pas se foutre de moi, hein ?

— Mais, rabbi, je dis vrai !

— Je ne te crois pas. Ce n'est pas bien de se moquer de son rabbin, tu sais…

— Mais c'est la pure vérité, et d'ailleurs, il va vous le prouver. Vas-y, Junior, montre au rabbin pourquoi tu as voulu venir.

Alors le chien ouvre le tonnelet accroché à son cou avec sa grosse papatte, en retire une kippa qu'il place sur sa tête, puis un tallith qu'il met autour de son cou. Enfin, il prend un livre de prières et commence à psalmodier en hébreu ! Le rabbin est tellement estomaqué qu'il écoute le chien bouche bée pendant un quart d'heure sans bouger.

Quand le rabbin reprend ses esprits, il est tellement impressionné qu'il dit au propriétaire :

— Dites un peu, vous n'avez jamais songé à envoyer votre chien dans une école rabbinique ?

Et le gars de répondre :

— Vous n'avez qu'à le lui demander ! Lui veut devenir docteur !

Proverbe parisien

« Qui touche la barre du métro fait confiance à son système immunitaire. »

Dernier souvenir

Un homme arrive à la porte du paradis où saint Pierre le reçoit.

— Entrez, mon brave ami ! Dites-moi, comment êtes-vous décédé ?

— Je ne sais plus. La dernière chose dont je me rappelle, c'est que je conduisais et que ma femme me disait : « Passe-moi le volant, mon chéri, tu seras un ange. »

Un petit malin

— Papa, dit un petit garçon, j'ai cassé ta platine vinyle en mettant un CD sur le tourne-disque.

Alors que son père commence à lui hurler dessus, le petit ajoute :

— Dis-toi que cette anecdote te fera rire quand, dans quinze ans, je t'annoncerai que j'ai plié ta voiture.

La prescription

Pour plaisanter, un homme qui vient de consulter dit à sa femme restée dans la salle d'attente :

— Ce docteur est vraiment très bon ! Regarde ce qu'il me prescrit : un whisky midi et soir, une alimentation à base de frites et de viande, en plus de faire l'amour deux fois par jour.

L'un des patients, qui attend son tour, se lève et lui dit :

— Je vous donne 50 euros si vous me décrivez vos symptômes !

Une mauvaise habitude

Deux petites vieilles, assises sur un banc, partagent leurs petites tracasseries du quotidien. L'une d'elles dit :

— J'ai un souci avec mon mari : il ne cesse de se ronger les ongles et aucun traitement ne parvient à lui faire perdre cette mauvaise habitude.

— As-tu pensé à lui cacher son dentier ?

Parole de sage

On n'apprécie jamais ce que l'on a jusqu'à ce qu'on ne l'ait plus.

Le papier toilette en est un bon exemple.

Au boulot !

Dans un bar, des amis dissertent de choses et d'autres lorsque, l'un deux, l'air inspiré, dit :

— Il devrait y avoir plus de bistrots qui s'appellent « Au boulot ». Comme ça, quand nous rentrerions tard le soir et que nos épouses demanderaient : « Tu étais où encore, ce soir ? », nous pourrions sans mentir répondre : « Au boulot ! Comme tous les jours ! »

Témoignage

« S'il y a bien un endroit au monde où je déteste arriver en retard, c'est aux toilettes ! »

Le test du beau-fils

Un père demande à son futur gendre :

— Est-ce que vous voudriez tout de même épouser ma fille si elle venait d'une famille très pauvre ?

— Mais bien sûr, répond le jeune homme.

— Alors, je refuse de vous donner sa main, je ne veux pas d'idiot dans la famille !

C'est une bonne question

Est-ce bien raisonnable de nettoyer les cimetières avec du déterre-gens ?

ET POURQUOI ALLER DE LA TÉLÉ AU FRIGO CE NE SERAIT PAS CONSIDÉRÉ COMME UNE MANIÈRE DE PRIVILÉGIER LES CIRCUITS COURTS EN MATIÈRE D'ALIMENTATION ?
Ranson

Les citations les plus drôles

« À travers les innombrables vicissitudes de la France, le pourcentage d'emmerdeurs est le seul qui n'a jamais baissé. »

Michel Audiard

Bébé hermaphrodite

Un médecin va voir une jeune femme qui vient d'accoucher :

— Madame, votre bébé est hermaphrodite.

— Comment ça ? Qu'est-ce que ça veut dire ? demande la maman, inquiète.

— Ça veut dire qu'il a l'équipement d'un homme et d'une femme.

— Donc ça veut dire qu'il a un pénis et un cerveau ?

Petite erreur

Pendant la Covid, une femme entre chez un vétérinaire et dit à son assistante :

— Bonsoir, j'avais déposé mon mari pour une vaccination anti-Covid et mon chien pour une stérilisation.

— Oups, répond l'assistante du véto, on n'avait pas compris ça comme ça…

Devinette macho

Pourquoi Jésus est-il apparu aux femmes en premier ?

Pour être sûr que la nouvelle se répande plus vite.

Prisonnier surmené

Une femme se rend à la prison où son mari est enfermé. Avant de repartir, elle apostrophe l'un des gardiens :

— Vous ne devriez pas faire autant travailler mon mari, il est épuisé.

Interloqué, le gardien lui répond :

— Vous plaisantez ? Il ne fait rien d'autre que manger, dormir et rester toute la journée dans sa cellule !

— Mensonge ! Il vient juste de me dire qu'il creuse un tunnel depuis des mois !

Les premiers au paradis

Une maîtresse d'école catholique demande à ses élèves :

— Les enfants, d'après vous, quelle partie du corps arrive au paradis en premier ?

La petite Marion lève le doigt et répond :

— Les mains, madame !

— Ah bon, Marion, peux-tu nous dire pourquoi ?

— Eh bien, madame, quand on prie, on joint les deux mains vers le ciel…

Le petit Kévin répond à son tour :

— Ce sont les pieds, madame.

— Explique-nous ça, Kevin, nous t'écoutons.

— Eh bien, cette nuit, j'étais malade et je suis allé dans la chambre de mes parents. Ils ne dormaient pas. Ma mère avait les pieds en l'air et elle disait « Oh, mon Dieu ! Je viens ! Je viens ! », et heureusement que papa était sur elle, sinon je crois qu'on l'aurait perdue !

Pas de Cartier !

Un homme arrive chez Cartier, place Vendôme à Paris, en compagnie d'une jeune femme splendide. Ensemble, ils choisissent un bijou à 50 000 euros pour elle.

Au moment de payer, l'homme sort son carnet de chèques et, sans sourciller, le rédige. Le vendeur a des doutes sur la solvabilité du couple qu'il voit pour la première fois. L'homme s'aperçoit du malaise du vendeur et, avec beaucoup d'aplomb, lui dit :

— J'ai le sentiment, très cher, que vous pensez que ce chèque est peut-être sans provision, n'est-ce pas ?

— Heu… Eh bien…

— Bien ! Voici ce que nous allons faire : vu qu'aujourd'hui c'est samedi et que ma banque est fermée, je vous propose que vous gardiez ce chèque ainsi que le bijou. Dès lundi vous procéderez à son encaissement, et lorsque le paiement sera honoré, vous ferez livrer le bijou chez mademoiselle.

Le vendeur, rassuré, donne son accord sans l'ombre d'une hésitation, assurant même que la bijouterie prendra à sa charge la livraison du bijou et qu'il s'assurera en personne du bon déroulement de l'opération.

Le lundi matin, à la présentation du chèque à la banque, celui-ci est bien évidemment en bois !

En colère, le vendeur appelle le client qui lui répond :

— Mais ce n'est pas grave ! Cela ne vous a rien coûté et moi j'ai baisé tout le week-end ! Merci beaucoup pour votre collaboration et sans rancune.

PERLES DE DONALD TRUMP

« Nous testons plus que n'importe qui et quand on fait des tests, on crée des cas… »

« Comment Hillary Clinton peut-elle satisfaire son pays si elle ne satisfait pas son mari ? »

« J'ai toujours eu un très bon rapport avec les Noirs. »

Trump à propos d'Internet :

« On doit faire quelque chose. On doit aller voir Bill Gates et plusieurs autres personnes qui comprennent réellement ce qu'il se passe et leur demander de fermer Internet dans certains endroits. »

« Je connais bien le monde ouvrier ; j'en ai licencié des milliers. »

« Le concept de réchauffement climatique a été créé par et pour les Chinois, pour rendre l'industrie américaine non compétitive. »

« Je suis fier de ma fortune, j'ai fait un boulot épatant… Le total est de 8 milliards de dollars. Je ne dis pas ça pour me vanter, parce que vous savez quoi, je n'ai pas besoin de me vanter. »

Communication d'entreprise

Deux amis discutent :

— Moi, je suis dans la communication d'entreprise.

— Ah oui ! Ça consiste en quoi ?

— Je communique mon CV aux entreprises et elles le refusent.

Maison de retraite

Mme Dupont et Mme Cohen étaient de vieilles amies, elles n'avaient pas de secret l'une pour l'autre.

Mais, arrivées à un âge avancé, toutes deux sont entrées dans une maison de retraite religieuse, de confession catholique pour l'une et juive pour l'autre.

Peu de temps après, Mme Dupont éprouve l'envie de revoir Mme Cohen et demande à être conduite au foyer juif pour lui rendre visite.

À la porte, elle est accueillie à bras ouverts par Mme Cohen.

Mme Dupont demande, curieuse :

— Sans indiscrétion, madame Cohen, ça vous plaît ici ?

Mme Cohen détaille avec enthousiasme la nourriture merveilleuse, l'équipement confortable et la gentillesse du personnel soignant de l'établissement.

Puis, avec une étincelle dans les yeux, elle dit à son amie de longue date :

— Le mieux, c'est que j'ai un petit ami.

— C'est extraordinaire ! Racontez-moi tout.

— Il a le même âge que moi, il est intelligent et très coquin.

— Ah bon, et que faites-vous avec lui ?

— Après le déjeuner, nous montons dans ma chambre et nous nous asseyons sur le bord du lit. Je le laisse me toucher un peu en haut, puis un peu en bas, et ensuite on chante des chansons yiddish.

— Formidable ! Je suis si contente pour vous, madame Cohen.

Puis cette dernière interroge son amie :

— Et vous, comment ça va, madame Dupont ?

Cette dernière raconte que c'est également merveilleux dans son nouvel établissement et qu'elle a aussi un petit ami.

— Tant mieux pour vous ! Alors, que faites-vous ensemble ?

— Nous montons aussi dans ma chambre après le déjeuner et nous nous asseyons sur le bord du lit. Je le laisse me toucher un peu en haut, et ensuite un peu en bas.

— Oui ? Et puis... ?

— Comme on ne connaît pas de chansons yiddish, on baise.

Beau-fils au tribunal

Un homme est devant un tribunal après avoir tiré sur sa belle-mère.

— Aviez-vous bu ? lui demande le juge.

— Oui, j'avais bu !

— C'est l'alcool qui vous a fait pointer le revolver, appuyer sur la gâchette et tirer. Avez-vous quelque chose à dire pour votre défense ?

— Oui, votre honneur, c'est aussi à cause de l'alcool que je l'ai manquée.

Mélenchon ou Le Pen

Deux amis discutent de politique, juste avant le premier tour de la présidentielle de 2022 :

— Si tu avais le choix entre Mélenchon et Le Pen, tu choisirais quoi ?

— Je ne sais pas, j'hésite.

— Tu hésites entre quoi et quoi ?

— Entre le cyanure ou la pendaison.

T'as de beaux yeux, tu sais

Un dragueur un peu lourd dit à une jeune fille :

— T'as vraiment des yeux magnifiques !

— Ce sont mes seins que tu regardes !

— Ah oui, tiens.

PeRLe De MôMe

Un petit garçon entre dans une librairie et demande :

— Je cherche un livre mais je ne connais pas son titre. Je sais juste qu'il commence par : « Il était une fois… »

La croisière va s'amuser

Un jeune homme qui va partir en croisière avec sa jolie petite amie demande à une pharmacienne :

— Donnez-moi une boîte de 30 pilules contre le mal de mer et 10 boîtes de préservatifs.

— Voilà, monsieur. Puis-je me permettre une petite suggestion ?

— Bien sûr, laquelle ?

— Si faire l'amour vous donne si mal au cœur, pourquoi vous obstinez-vous ?

IL NE PORTE PAS DE CULOTTE, C'EST HONTEUX !
OUI MAIS IL N'A PAS DE SEXE ASSIGNÉ ET C'EST TRÈS BIEN !
JE CROIS QU'ON EST ARRIVÉ AUX LIMITES DE LA CONVERGENCE DES LUTTES, LÀ...
Ranson

Cuba

Par une belle nuit de décembre, à La Havane, un couple de Cubains enlacés regardent la mer, au bord de la plage quand, soudain, l'homme dit à sa femme :

— Chérie, laisse-moi gratter le wiwichu !

— Mais t'es fou, mon amour ! Qu'est-ce que tu crois, je ne suis pas encore prête pour cela !

— Allez, ma puce, tu ne vois pas que c'est le moment propice, laisse-moi gratter le wiwichu !

— Non, je ne veux pas !

— Allez, chérie, c'est le moment ou jamais. Laisse-moi gratter le wiwichu...

— Bon d'accord, mon amour, mais c'est parce que je t'adore...

Alors le garçon prend sa guitare et commence :

— Wiwichu a merry crismas, wiwichu a merry crismas, wiwichu a merry crismas, and a japy niu yirrrr !

Connaissez-vous le coup du DJ ?

Deux copines discutent :

— Alors, ça se passe bien avec ton nouveau mec ?

— Non, il est nul ! Hier soir, il m'a fait le coup du DJ.

— C'est quoi ?

— Il me tripote tous les boutons, mais il ne se passe rien.

Blague poétique

Savez-vous pourquoi Ronsard s'est acheté un aspirateur ?

Parce qu'il en avait assez Du Bellay.

Devinette anti-homme

Quelle est la différence entre un homme et un arbre ?

Aucune, avec l'âge, ils deviennent durs de la feuille et mous de la branche.

Blague au poil

Une femme confie à une amie :

— Il m'est arrivé un truc très gênant.

— Raconte-moi.

— Ce matin, lors de mon rendez-vous chez le gynécologue, j'ai voulu m'excuser pour le non-entretien de mon système pileux depuis quelque temps.

— Et alors ? Il a répondu quoi, le médecin ?

— Il a répondu en souriant : « Ce n'est pas grave, à la base je voulais être vétérinaire. »

Blague mignonnette

Deux escargots se promènent dans la campagne. L'un d'eux s'exclame :

— Si nous allions manger des cerises ?

— Mais nous sommes en plein hiver !

— Justement ! Le temps de faire le chemin…

Prescription médicale

— Tenez, docteur, regardez, il y a une quinzaine de jours, vous aviez prescrit à ma femme ce traitement et vous lui aviez assuré qu'avec ça, elle guérirait. Or, elle vient de mourir !

— Ah ! Et combien de temps a-t-elle survécu ?

— Quinze jours.

— Ah ben voilà ! Je lui avais dit de le prendre pendant trois mois !

Coup double

Une fille confie à une amie :

— J'ai rencontré un garçon génial. Il s'appelle Pierre. Dès la première nuit, on a fait l'amour deux fois !

— Donc, vous avez fait d'une Pierre deux coups.

T'EN ES OÙ AVEC LA DETTE, BRUNO ?
QU'EST-CE QUE ÇA PEUT TE FOUTRE, GÉRALD ? T'ES DE LA POLICE ?!
Danson

Doc gynéco

Deux copines discutent :

— Mon gynécologue m'a reconnue au supermarché aujourd'hui.

— Tu devrais porter des jupes plus longues !

Bisons pas très futés

Trois Indiens et trois cow-boys vont prendre le train pour se rendre à un congrès. À la gare, les trois cow-boys achètent un billet chacun, tandis que les trois Indiens achètent un seul billet.

— Comment trois mecs peuvent voyager avec un seul billet, demande l'un des cow-boys ?

— Regarde, et tu verras, répond l'un des Indiens.

Ils grimpent tous dans le train. Les trois cow-boys s'assoient à leurs places respectives, mais les trois Indiens se tassent dans les toilettes et ferment la porte derrière eux. Peu de temps après que le train est parti, le contrôleur passe pour vérifier les billets. Il tape à la porte des toilettes et dit : « Billet, s'il vous plaît ! » La porte s'entrouvre légèrement et une seule main sort avec le billet. Le contrôleur vérifie le billet et s'en va.

Les cow-boys ont tout vu, ils sont d'accord, c'est vraiment une bonne idée.

Aussi, après le congrès, les trois Blancs décident de faire pareil que les Indiens pour le retour, ce qui leur permettra de faire quelques économies. Au guichet de la gare, ils n'achètent qu'un seul billet. À leur grand étonnement, les trois Indiens n'achètent pas de billet.

— Comment allez-vous faire pour voyager sans billet, dit l'un des Blancs, perplexe ?

— Regarde et tu verras, répond l'un des Indiens !

Quand ils montent dans le train, les trois cow-boys s'agglutinent dans un cabinet de toilettes et les trois Indiens dans un autre, juste à côté. Peu de temps après que le train a démarré, l'un des Indiens sort et va jusqu'aux toilettes où sont cachés les trois cow-boys. Ils frappent à la porte et dit :

— Billet, s'il vous plaît !

La dette dans le c…

Bruno Le Maire arrive à Matignon avec une demi-heure de retard. Gabriel Attal, énervé, lui demande :

— Pouvez-vous justifier votre retard ?

— Oui, monsieur. Dans la rue, il y avait un type qui avait perdu un billet de 100 euros.

— Et vous l'avez aidé à le chercher ?

— Non, répond Le Maire, j'avais mon pied dessus. La bonne nouvelle, c'est que notre dette est réduite de 100 euros.

Changement de sexe

— C'est décidé, je change de sexe.

— Quoi ? Tu ne veux plus être un homme ?

— Bah non, je dis juste que je n'utiliserai plus celui de ma femme.

Devinette à la con

Quel est le dieu scandinave des Postes ?

C'est Thor, car Thor est facteur.

Météo londonienne

Une Française raconte à une amie :

— Pendant mes vacances à Londres, j'avais fait la connaissance d'un petit brun charmant. Un jour, nous nous promenions dans un parc public alors qu'il y avait un brouillard à couper au couteau. Ça nous assurait une grande tranquillité. Si tu vois ce que je veux dire…

— Et alors ?

— Eh bien, dans ce brouillard épais, nous avons fait l'amour. Et une fois sortie du parc, j'ai constaté que j'étais au bras d'un grand blond. Depuis je me demande…

— D'où venait un tel brouillard ?

— Non, je me demande quel sera la couleur des cheveux de mon futur bébé !

Vous êtes un public formidable

— Ce qui doit être agréable pour un acteur, dit un vieux comédien, c'est d'aller faire une tournée au pays des Esquimaux.

— En quoi serait-ce spécialement agréable ?

— Voyons, là-bas, que la pièce soit bonne ou mauvaise, les spectateurs n'arrêtent pas d'applaudir, ne serait-ce que pour se réchauffer…

Papa où t'es ?

Une petite fille interroge sa maman :

— Maman ? Je ne trouve pas « papa » dans le dictionnaire.

— Jette un œil à « bistrot », ma chérie.

Dans poignées d'amour, il y a amour

Un homme va consulter un chirurgien esthétique et lui demande :

— Docteur, j'aimerais commencer par enlever mes poignées d'amour.

— Avant de penser à une opération, si l'on commençait par enlever les poignées de votre frigo ?

C'est une bonne question

Pourquoi les hommes ont-ils un chromosome de plus que les chiens ?

Pour ne pas se masturber sur les jambes des femmes pendant les cocktails.

Prison syrienne

L'histoire se déroule dans une sinistre prison de Syrie où sont emprisonnées trois jeunes filles, deux brunes et une blonde.

Elles sont toutes les trois condamnées à mort pour espionnage et vont être fusillées, une par une, dans la cour de la prison. Mortes de trouille, elles cherchent une solution pour éviter à tout prix le peloton d'exécution.

Le prêtre, qui vient les confesser, les prend en pitié et leur confie :

— Vous savez, dans ce pays, les gens ont très peur des catastrophes naturelles. Ils pensent que ce sont des punitions divines alors, si vous voulez un conseil, servez-vous-en au moment crucial.

Le lendemain, la première brune est emmenée dans la cour et attachée au poteau. Lorsque le bourreau dit « En joue ! », celle-ci se souvient alors des paroles du bon prêtre et hurle de toutes ses forces :

— OURAGAN !

Là, les soldats s'enfuient tous, affolés !

L'autre brune et la blonde, ayant assisté à la scène depuis leur cellule, sont très impressionnées ! Le prêtre avait donc raison ! Ça fonctionne !

Le lendemain, la seconde brune est emmenée dans la cour, attachée elle aussi au poteau. Lorsque le bourreau crie « En joue ! », elle hurle :

— CYCLONE !

Idem, les soldats courent dans tous les sens pour aller s'abriter.

Le lendemain, la blonde est emmenée dans la cour et attachée au poteau. Lorsque le bourreau crie « En joue ! », elle hurle :

— FEU !

Belle-maman est malade

Deux amis se rencontrent dans la rue. Le premier dit :

— J'ai appris que ta belle-mère était malade.

— Eh oui !

— Qu'elle était à l'hôpital.

— Eh oui !

— Depuis combien de temps ?

— Si Dieu le veut, dans trois semaines, ça fera un mois.

Loin des yeux... loin du cœur ?

— Ta femme est toujours en vacances sur la Côte d'Azur ?

— Oui, et je lui écris un e-mail tous les jours !

— Ça alors ! Après dix ans de mariage, c'est de l'amour ou je ne m'y connais pas !

— C'est surtout qu'en partant, elle m'a dit : « Si tu ne m'écris pas tous les jours, je reviens immédiatement ! »

Tétanos

— J'espère que Jésus est vacciné contre le tétanos.

— Pourquoi ?

— Parce que s'il ressuscite malade, il aura l'air con.

Et la dispute a commencé...

Avant les fêtes de Noël, une femme dit à son mari :

— Je pense que cette année, on va éviter la dinde.

— Ah bon ? Ta mère ne vient pas ?

Témoignage

« J'ai un ami naturiste dépressif, il pense que la vie ne mérite pas d'être vêtue. »

Une petite tension

— Docteur, je me sens très faible depuis que j'ai eu la grippe.

— À combien est votre tension ?

— Oh, très peu docteur, dans les 500 euros par mois.

Futur retraité

Vladimir Poutine, on l'imagine mal retraité, le soir, en train de faire la vaisselle.

— Chérie, ma babouchka, il n'y a plus de produit pour la vaisselle.

— Tiens, voilà du Mir, Poutine.

ENCORE UNE PLACE RÉSERVÉE À UN MÂLE BLANC !
DÉNONÇONS LE PATRIARCAT !
Ranson

Blague historique

Comment dit-on, de manière élégante en Égypte, que l'on s'absente pour aller aux toilettes ?

Néfertiti.

Le courant passe bien

Un prêtre demande à un condamné sur la chaise électrique :

— Puis-je faire quelque chose pour vous ?

— Oui, mon père, tenez-moi la main…

FLASH INFO

« Moscou a proposé à Kiev d'organiser une rencontre entre Poutine et Zelensky. Selon des sources non officielles, les travaux pour la construction de la table ont déjà commencé. »

Liberté, inégalité, fraternité

Emmanuel Macron confie à un journaliste :

— L'égalité est au cœur des priorités de notre gouvernement.

— Et quelles mesures contre les inégalités allez-vous prendre ?

— Pardon, répond le Président, je voulais dire l'égalité avec les gouvernements précédents.

Devinette pour geek

Que dit Frodon quand il arrive chez lui ?

C'est là que j'Hobbit.

Cas de divorce

Au supermarché, j'ai demandé à ma femme si nous pouvions prendre une caisse de bières à 25 euros. Elle a dit non mais, sans me demander mon avis, elle s'est pris un pot de crème revitalisante pour la peau à 15 euros.

C'est alors que je lui ai fait remarquer que la caisse de bières m'aiderait davantage à la trouver belle que son pot de crème. Et là, la dispute a commencé !

à MéDiTeR

Trouver un prénom pour son gosse, c'est quand même beaucoup d'énergie dépensée pour quelqu'un qu'on appellera « Dépêche-toi » pendant les dix premières années de sa vie.

C'est vache

« J'aime les plaisirs simples comme liker les anciennes photos des couples divorcés et commenter : "Vous êtes trop beaux les amoureux." »

Évolution de la société

Deux prêtres catholiques discutent en marchant dans un jardin.

— Crois-tu que nous verrons un jour le mariage des prêtres ? demande l'un.

Et l'autre de lui répondre :

— Nous non, mais nos enfants, sûrement !

Femme déconstruite

Note à mon mari :

« Ton souper est dans le livre de recettes à la page 32 et les ingrédients sont à l'épicerie. »

Toto ne perd pas le nord

— Devant toi, tu as le nord. Qu'as-tu à ta droite ? demande la maîtresse à Toto.

— L'est, madame !

— Bien, Toto. Et à ta gauche ?

— L'ouest.

— Parfait. Et derrière toi ?

— Un trou dans mon pantalon, j'avais bien dit à maman que vous le verriez tout de suite.

Combien d'ampoules ?

Combien de mères juives faut-il pour changer une ampoule ?

Non, c'est bon… laisse tomber… je ne veux pas te déranger… je peux rester assise seule dans le noir.

Qu'est-ce que la sublimation ?

Pendant la leçon de sciences, la maîtresse demande aux enfants si tout le monde a bien compris ce qu'était la sublimation. Tout le monde acquiesce. Elle poursuit :

— Pouvez-vous me donner un exemple de solide qui se transforme en gaz sans passer par l'état liquide ?

Toto lève la main :

— Les fayots, madame !

Abracadabra

Un homme confie à un ami :

— Ma femme voulait de la magie dans notre couple.

— T'as fait comment ?

— J'ai disparu durant trois jours.

Parole de sage

L'avenir appartient à ceux qui en ont un.

#BalanceTonCollegue

Un homme commence à draguer une collègue de travail.

— Muriel, ça te dirait de boire un verre ?

— Ah, oui, carrément, répond la jeune femme. Quand est-ce que ça t'arrange ?

— Je ne sais pas, répond l'homme. Un soir où tu n'as pas tes règles, par exemple.

La révolution n'est pas pour demain

Deux patrons du CAC 40 discutent :

— Parfois, je me dis que les gens vont se rendre compte de l'arnaque de la mondialisation, de la finance, des prêts de l'État, du chômage… qu'ils vont descendre dans la rue et faire la révolution. Puis, je me souviens que les gens regardent Cyril Hanouna à télévision.

Deuxième mandat

Deux copains discutent politique dans un bistrot :

— Macron, on dirait un peu moi quand j'étais encore à l'école.

— C'est-à-dire ?

— Ben, il se réveille au troisième trimestre, mais c'est trop tard !

à MéDiTeR

L'hippopotame nage plus vite qu'un humain.

L'hippopotame court plus vite qu'un humain.

Conclusion : le seul moyen de battre un hippopotame au triathlon, c'est de tout miser sur le vélo.

QUE JE TE DESSINE UN MOUTON, MOI ?!
AYMERIC, NE RÉPONDS PAS À CE VIANDARD VIRILISTE !! C'EST UN PROVOCATEUR !
Ranson

C'est magique

— Je vais te faire un tour de magie, je vais te faire oublier que t'es con !

— Mais je ne suis pas con !

— Tu vois, t'as oublié !

Perles politiques de l'année

« Si vous pensez qu'il faut être un play-boy en France pour être élu, j'ai quand même quelques contre-exemples. »

Édouard Philippe

« J'ai tapé "gourou" et "Raoult" sur Google. Il y a plus de réponses que pour "sciences" et "Le Pen". »

Olivier Véran

« Je ne pense pas que cette grève à la SNCF est abusive, mais ils abusent quand même. »

Le député MoDem Richard Ramos

« Il ne suffit pas de s'abonner à *Pif* pour connaître les intentions du gouvernement. Il faut aussi s'abonner à *Playboy*. »

Fabien Roussel

« Jean-Luc Mélechon est quelqu'un qui a pris l'autoroute en sens inverse et qui considère que tous ceux qui roulent normalement sont en infraction. Y a un petit problème. »

Bernard Cazeneuve

Fashion week

Une femme corbeau voit une femelle paon qui déploie sa queue multicolore.

— Franchement, lui dit-elle, je ne comprends pas que tu raffoles des extravagances de Kenzo. Moi, je continue de penser que la véritable élégance c'est, comme le préconisait Coco Chanel, une petite robe noire toute simple.

Faut pas les chercher

Faisant irruption dans la salle de bains, au moment où sa femme sort de la douche, un homme se met à ricaner en lui tâtant les seins :

— Ah ! Si seulement ils étaient plus fermes, tu pourrais te passer d'un soutien-gorge.

Vexée, elle ne répond rien, mais le lendemain, alors que son mari tout nu s'apprête à se sécher après sa douche, elle lui saisit le sexe et s'écrie :

— Ah ! Si seulement il était plus ferme, je pourrais me passer de ton pote Jean-Marc !

Il faudrait savoir !

Deux petits gamins discutent dans la cour de la crèche :

— Mes parents, c'est n'importe quoi ! Pendant des semaines et des semaines, ils m'ont appris à marcher et à parler, et maintenant ils n'arrêtent pas de me dire de m'asseoir et de me taire.

Charge mentale

En rentrant au domicile conjugal plus tôt que prévu, une femme trouve son mari en train de faire l'amour avec la femme de ménage :

— Hugo ! hurle-t-elle. Tu n'as pas honte de faire perdre ainsi son temps à cette femme, alors que Macron a réduit l'abattement sur les charges sociales des employés de maison de 15 à 10 % par foyer fiscal ?

Un rêve

Deux amis discutent :

— J'ai quitté mon boulot pour réaliser mon rêve !

— Et c'était quoi ton rêve ?

— Quitter mon boulot.

Contrepèterie

Quel beau métier, professeur !

La jolie auto-stoppeuse

Après avoir dépassé une auto-stoppeuse très mignonne à vive allure, un conducteur fait marche arrière, baisse sa vitre et dit à la jeune fille :

— Excusez-moi, c'était un réflexe. Quand je roule avec ma femme et qu'il y a sur le bas-côté une jolie auto-stoppeuse, elle me hurle d'accélérer. Aujourd'hui, ma femme est chez sa mère. Je vous en prie, prenez place à mes côtés.

Pneumologue

Le petit Léo est très attentif aux faits et gestes de son grand-père. Lorsqu'il l'entend au téléphone en train de prendre rendez-vous avec un pneumologue, il lui demande aussitôt, avec une candeur toute enfantine :

— Papi, tu pourras m'emmener avec toi quand tu iras changer les pneus de ta voiture ?

Devinette people

Pourquoi la chemise de BHL est-elle si blanche ?

Parce qu'elle est lavée par Arielle.

Le condamné

Un condamné à mort va être exécuté. Un gardien lui demande :

— Avez-vous une dernière volonté avant de mourir ?

— Oui, je veux bien un verre d'eau.

— Seulement un verre d'eau, s'étonne le gardien, vous ne préféreriez pas un whisky ?

— Ne me tentez pas, répond le condamné, j'essaie d'arrêter l'alcool.

Con quête spatiale

Deux Belges discutent :

— Quand je pense qu'on dépense 3 milliards de dollars pour aller chercher de l'eau sur Mars !

— Alors qu'à Carrefour, le pack de six bouteilles coûte moins de 2 euros !

La différence

Quelle est la différence entre une madame et une mademoiselle ?

Un monsieur.

Réarmement démographique

— Qu'est-ce qui vous arrive ? demande un banlieusard à son voisin qu'il voit sortir de chez lui, la tête bandée et des béquilles sous les bras.

— Ah ! Ne m'en parlez pas ! Et encore, vous n'avez pas vu ma femme ! Et tout ça à cause de Macron !

— Comment cela ?

— Vous n'avez pas entendu son allocution, à la télévision, l'autre jour ?

— Si, mais je ne vois pas le rapport.

— Eh bien, dans cette allocution, il avait dit « Françaises, Français, faites des enfants sur une grande échelle ». On a voulu essayer et c'est comme ça qu'on s'est cassé la gueule.

WESH ! L'AVION DE CHASSE ! J'AIMERAIS LA DÉMONTER, CELLE-LÀ, J'TE DIS…
LA DÉMONTER ?! C'EST UN AVION DE CHASSE OU UN BOEING ?
Ranson

Soirée pleine de frissons

Au lit, un homme se tourne vers sa femme et lui susurre :

— Ma puce, je voudrais avoir une soirée frissons.

— C'est vrai ?

— Oui.

— Alors va dormir dehors.

Témoignage

« Je conseille au moustique qui m'a piqué cette nuit de ne pas conduire. »

Passe-droit

Dans un bar, un homme confie à un ami :

— Avec ma femme, on est convenus d'un passe-droit pour coucher avec une seule personne de notre choix. J'ai choisi Jennifer Lawrence et elle a choisi Emilio, son prof de zumba.

Portemanteau

Deux amis discutent dans un bistrot :

— Je pense que Nicolas Sarkozy a été un portemanteau dans une autre vie.

— Ah oui ? Pourquoi dis-tu cela ?

— T'as vu le nombre d'affaires qu'il a sur le dos ?

Le créneau

Un jeune conducteur confie à un ami :

— Mon astuce pour réussir un créneau, c'est de me garer ailleurs.

Marchand de casseroles

Sur un marché de Levallois, une petite vieille s'approche d'un marchand de casseroles et lui demande :

— Vous tractez pour Patrick Balkany ?

La vie sur Mars

Un journaliste interroge l'astronaute Thomas Pesquet, de retour de mission sur la planète Mars.

— Est-ce qu'il y a de la vie sur Mars ?

— Oui, le samedi soir surtout. Sinon, c'est un peu mort.

— Et les Martiennes, elles sont comme les Terriennes ?

— Oui, sauf qu'elles ont les seins dans le dos.

— C'est embêtant, ça.

— Oui, mais pour danser, c'est super.

Enterrement low cost

Un Belge téléphone dans un salon mortuaire et demande :

— C'est combien l'enterrement le moins cher ?

L'employé répond :

— 500 euros.

— Et c'est moins cher si on fournit le mort ?

Les saucisses

Un Basque et un Béarnais veulent sortir un samedi soir à Bayonne, mais ils sont fauchés et ont, en tout et pour tout, 1 euro.

Le Basque dit :

— Attends, j'ai un bon plan, tu vas voir, et il achète une saucisse de Strasbourg à 1 euro.

— T'es con, dit le Béarnais, on n'a plus un rond, qu'est-ce qu'on va faire maintenant ?

— T'occupe, tu vas voir…

Ils entrent dans un bar du Petit-Bayonne, commandent deux Ricard et les boivent. Après cela, le Basque dit au Béarnais :

— Voilà mon truc, j'ouvre ma braguette et j'y glisse discrètement la saucisse. Tu t'agenouilles devant moi et tu suces la saucisse, ça ne rate jamais, on va se faire jeter.

Le premier fait donc sortir la saucisse de son pantalon, le second s'agenouille et commence à sucer la saucisse... ça ne rate pas, le patron les interpelle :

— Pas de ça ici, messieurs, vous sortez tout de suite !

Comme ça marche, ils remettent ça dans un autre bar. Ils boivent un deuxième Ricard, hop, saucisse, expulsion... et même manège de bar en bar.

Mais, au bout du vingtième bar et autant de Ricard, le Béarnais dit au Basque :

— Écoute, on arrête, je n'en peux plus, j'ai trop mal aux genoux à force de m'agenouiller.

Et le Basque de répondre :

— Et moi, alors, ce n'est pas mieux, j'ai perdu la saucisse entre le troisième et le quatrième bar !

Présidentielle 2027

Le président du parti chrétien démocrate, Jean-Frédéric Poisson, vient d'annoncer qu'il sera candidat à l'élection présidentielle de 2027. Voici un extrait du discours de M. Poisson :

— Je suis candidat, PARCE QUE C'EST NOTRE BROCHET !

La charge mentale

Un homme raconte à un ami :

— Il paraît que les femmes feraient plus l'amour si elles avaient moins de boulot entre leur job et les tâches ménagères. Du coup, hier, en rentrant, j'ai fait les courses, lavé les gosses, préparé le repas, fait la vaisselle et j'ai même fait un peu de repassage !

— Et alors, vous avez fait l'amour ?

— Bah non, j'étais bien trop crevé !

Sacré champion

Un dragueur se fait surprendre au lit avec la femme d'un homme très jaloux qui lui flanque une bonne correction.

— Votre épouse, balbutie-t-il… m'avait bien dit que vous étiez champion de quelque chose… mais j'avais bêtement pensé qu'il s'agissait d'échecs, de mots croisés ou de sudoku… pas de boxe !

Prix du carburant

Un journaliste interroge un automobiliste sur l'augmentation du prix des carburants.

— Vous savez, répond l'homme, là où je me sers à la pompe, ils n'ont jamais augmenté leur prix en dix ans !

— Ah bon ?

— Oui, je prends toujours 50 euros !

Une déesse !

Deux poivrots discutent dans un bistrot :

— Moi, ma femme a un corps de déesse.

— T'as de la chance, la mienne a le corps d'une Kangoo.

Punition éternelle

Emmanuel Macron, Gérard Larcher et Miss Univers sont victimes d'un attentat et meurent dans l'explosion d'un avion. Ils se retrouvent tous les trois en enfer. Le diable attrape Macron et l'enchaîne avec une très vieille femme, monstrueuse, d'une laideur et d'une puanteur infernale, et lui dit :

— Monsieur Macron, tu as péché toute ta vie, voilà ta femme pour l'éternité !

Puis, il enchaîne le président du Sénat avec Miss Univers. Emmanuel Macron conteste et dit :

— C'est injuste, il a dit beaucoup plus de conneries que moi !

— Désolé, répond le diable, mais c'est elle que je veux punir !

Une espèce de canon

Rocco, un Italien un peu macho, est dans la salle d'attente d'une maternité. Le médecin sort et lui dit :

— Félicitations, monsieur, vous avez des quintuplés.

Rocco lui répond très fièrement :

— C'est que, voyez-vous, j'ai une espèce de canon !

Et le médecin de conclure :

— Eh bien, il faudrait peut-être penser à le nettoyer, parce que les bébés sont tous noirs.

Savon à la chlorophylle

Une femme va chez le pharmacien et lui dit :

— Bonjour, monsieur le pharmacien, je voudrais un savon de toilette à la chlorophylle.

Le pharmacien va chercher le savon et dit :

— Madame, je n'en ai plus, mais je vais en commander.

— Bon, eh bien, j'enverrai mon mari le chercher.

— Votre mari ? Mais comment vais-je le reconnaître ?

— C'est facile, c'est le seul à avoir des moustaches vertes.

Réchauffement climatique

L'écrivain voyageur Sylvain Tesson, en voyage au pôle Nord, demande à un Inuit :

— Ressentez-vous, chez vous, le réchauffement climatique ?

— Moi, je ne vois pas de grande différence, mais demandez à ma femme.

— Où est-elle ? demande Tesson.

— Vous la trouverez dans notre jardin entre l'igloo, la piscine et l'olivier.

AH, PARDON ! LÀ OÙ TOI TU VOIS UN TROU MERDEUX, MOI, JE NE PERÇOIS QU'UN RENFLEMENT BRUN, DÉSOLÉ…
DETTE
Ranson

Préliminaires

Deux copines discutent :

— Ton mec te fait des préliminaires avant l'amour ?

— Bien sûr.

— Et il fait quoi ?

— Il me supplie pendant une heure !

Devinette

Pourquoi Gilbert Montagné tutoie-t-il tout le monde ?

Parce qu'il ne vouvoie pas.

À nous de vous faire préférer le train

Un voyageur se plaint au chef de gare :

— Pouvez-vous me dire à quoi ça sert de prévoir des horaires si tous vos trains sont en retard ?

— Monsieur, s'il n'y avait pas d'horaires, comment sauriez-vous qu'ils sont en retard ?

Tribunal

La farine et les œufs vont finir par avouer mais, à mon avis, le sucre vanillé.

Faudra tif hair

Un homme va se faire couper les cheveux chez son coiffeur.

— Alors, comment ça va ?

— Très bien, je pars demain en vacances à Rome.

— ROME ! hurle le coiffeur. Pourquoi voulez-vous aller là-bas ? La ville est sale, polluée et pleine d'Italiens. Faut être un peu fou, non, pour aller à Rome ? Et comment allez-vous y aller ?

— J'ai pris Alitalia...

— Alitalia ? Ah ben, on peut dire que vous n'avez pas peur. De vieux avions, un service inexistant, sans compter les retards... Et où allez-vous descendre à Rome ?

— On a réservé au Marriott.

— Ce taudis ! C'est le pire hôtel de la ville ! Les chambres sont petites, le service est indécent et d'une lenteur effrayante. Et pour les prix, c'est carrément du vol. Au fait, pourquoi avez-vous choisi d'aller à Rome ?

— On voulait voir le Vatican, et si possible le pape.

— Ha ! C'est la meilleure ! Vous serez des milliers sur la place Saint-Pierre, en train de vous écarquiller les yeux pour essayer de voir une silhouette de la taille d'une fourmi... Ah oui, vraiment, bonne chance pour vos vacances, vous allez en avoir besoin !

Un mois plus tard, le gars revient voir son coiffeur pour sa coupe de cheveux mensuelle.

Le coiffeur lui demande :

— Alors, comment ça s'est passé le voyage ? Je parie que le vol sur Alitalia a été le pire de toute votre vie !

— Oh non, ce serait plutôt l'inverse. On a eu droit à un bel Airbus, tout neuf, et on est arrivés à l'heure. En plus, ils avaient surbooké les places normales, alors ils nous ont placé en classe affaire pour le même prix. Les hôtesses étaient très serviables et aux petits soins pour nous.

— Hmmm, et à Rome, ça a dû être l'enfer au Marriott ?

— Au contraire ! Ils venaient tout juste de terminer des travaux de réfection et, maintenant, il est considéré comme le meilleur hôtel romain. En plus, eux aussi avaient surbooké leurs chambres, ce qui fait qu'on a eu la suite présidentielle pour le même prix !

— Ah... Mais au moins, je suis sûr d'une chose, vous n'avez pas pu voir le pape !

— Ben, en fait, alors qu'on visitait le Vatican, à un moment, un garde-suisse m'a abordé pour me dire que, de temps en temps, le pape appréciait de rencontrer personnellement quelques visiteurs et il a ajouté que si je le désirais, je pouvais avoir une audience dans un salon particulier. Naturellement, j'étais d'accord et le garde nous a conduits dans un salon. Après deux minutes d'attente, le pape François est entré, il m'a serré la main, et je me suis mis à genou devant lui pendant qu'il me disait quelques mots...

— Qu'est-ce qu'il vous a dit ?

— Oh, pas grand-chose, en fait. Il m'a dit : « Mais qui vous a fait cette coupe de cheveux de merde ? »

Belle-mère juive

Deux mères juives se rencontrent :

— Comment vas-tu ?

— Pas très bien, ma belle-fille Rachel a menacé mon fils de le quitter si je continuais à lui faire des remarques.

— C'est terrible !

— Oui, elle me manquera beaucoup !

Accouchement sous X

Deux copains discutent :

— Ça s'est bien passé l'accouchement de ta femme ?

— Bof, on avait demandé un accouchement sous X.

— Et alors ?

— Alors, non seulement on n'a pas eu de porno mais en plus, ils nous ont piqué notre gosse !

Beau chien-chien

Emmanuel Macron se promène dans Paris avec un superbe labrador.

Un homme l'observe et lui dit :

— Monsieur le Président, votre chien est superbe.

— Merci, je l'ai eu pour Brigitte.

— Félicitations, monsieur Macron, bel échange !

Macron et Poutine

Pourquoi Macron appelle-t-il si souvent Poutine ?

Pour qu'il le conseille sur la façon de gagner l'élection sans participer aux débats.

À moitié généreux

Pendant le Téléthon, un bénévole interpelle un homme particulièrement radin :

— Monsieur, s'il vous plaît, donnez-nous un peu d'argent pour la bonne cause.

À contrecœur, l'homme fait un gros chèque mais ne le signe pas.

— Vous oubliez la signature, monsieur ! lui dit le bénévole.

— Je sais, c'est un don anonyme !

Une odeur étrange

— Maman, c'est vrai que la maison a brûlé ?

— Oui, mon chéri.

— Maman, c'est vrai que papi était dans la maison ?

— Oui, mon chéri.

— Maman, pourquoi ça sent le caramel ?

— Mon chéri, tu sais bien que papi avait du diabète.

Pas optimiste

Le médecin donne une petite boîte à son patient et lui dit :

— Voilà, vous prendrez une gélule par jour jusqu'à la fin de votre vie.

— Mais, docteur, il n'y a que trois gélules !

— C'est exact.

J'AI LE SENTIMENT QUE L'ANTISÉMITISME MONTE DANS CE PAYS EN CE MOMENT...
T'ES JUIF, NON? SI ÇA MONTE, ACHÈTE...
MON SENTIMENT ÉTAIT FONDÉ...
Ranson

En manque

Lors de l'émission *Le bonheur est dans le pré*, Karine Le Marchand demande à un agriculteur :

— Ça fait longtemps que tu n'as pas eu un rencard avec une femme ?

— Tu dis ça parce que je bave ?

— Oui.

Ma dernière volonté

Un homme va mourir. Sur son lit de mort, il prend le bras de sa femme et gémit :

— Promets-moi que tu honoreras ma dernière volonté : je veux que tu te remaries avec Marcel, notre voisin.

— Mais enfin, lui répond sa femme, je pensais que tu ne pouvais pas le blairer ?

En rendant son dernier soupir, l'homme dit :

— C'est le cas !

Devinette débile

Pourquoi les militaires nantais sont-ils les mieux coiffés ?

Parce qu'ils prennent leur perm à Nantes !

Témoignage

« Mon gastro-entérologue m'a offert un calendrier de lavement. »

La femme à Jésus

Une vieille religieuse, qui vit dans un couvent à côté d'un chantier de construction, a remarqué le langage grossier des travailleurs et a décidé de passer du temps avec eux pour corriger leur façon de parler.

Pour cela, elle décide de prendre son déjeuner avec eux afin de leur parler. Elle met son sandwich dans un sac brun et marche à l'endroit où les hommes mangent.

S'approchant du groupe, elle dit avec un grand sourire :

— Messieurs, savez-vous qui est Jésus ?

Ceux-ci secouent la tête et se regardent les uns les autres, d'une manière très confuse. L'un des travailleurs crie :

— Y a-t-il quelqu'un qui connaît Jésus ?

L'un des travailleurs demande alors pourquoi.

— Parce que sa femme est ici avec son casse-croûte !

à méditer

L'ironie de notre époque, c'est d'ouvrir une fenêtre sur notre ordinateur pour savoir quel temps il fait dehors.

Témoignage

« Ma femme aimerait perdre du poids, mais elle est mauvaise perdante. »

Enquête préliminaire

Une juge d'instruction informe Gérard Depardieu :

— Monsieur Depardieu, une enquête préliminaire a été ouverte à votre encontre. Une réaction ?

— Hum ! DES PRÉLIMINAIRES ?

J'ai vu ta femme

Un homme dit à un ami :

— J'ai vu ta femme, hier !

— Ha, oui ? Où ça ?

— Tu vois le Monoprix en face du club échangiste ?

— Oui, bien sûr.

— Ben, juste en face...

Macho man

— Salut, Clémentine.

— Ah non, moi c'est Cerise.

— Désolé, j'ai dû me tromper de cageot…

Négociation salariale

En arrivant le matin au bureau, un cadre lance à son collègue :

— J'ai été patient, j'ai attendu, maintenant ça suffit ! J'ai rendez-vous à 10 heures chez le patron, et là je vais lui dire : « Ou vous m'augmentez sérieusement, ou je m'en vais ! »

— Tu vas vraiment lui dire ça comme ça ?

— Et comment que je vais lui dire !

À 9 h 58, l'homme se lève. Dix minutes plus tard, il est de retour.

— Alors ? demande son collègue. T'as obtenu ce que tu voulais ?

— Ce n'est pas aussi simple que ça. Quand il y a deux points de vue opposés, il faut savoir négocier. Alors, nous avons discuté, et finalement on a coupé la poire en deux : lui ne m'augmente pas, et moi je reste.

C'est vache !

Un homme demande à sa femme :

— Je me demande quel vêtement me mettrait en valeur…

— Une cagoule !

Les citations les plus drôles

« La diplomatie est l'art patriotique de mentir pour son pays. »

Ambrose Bierce

Le test de Socrate

Socrate avait, dans la Grèce antique, une haute opinion de la sagesse. Quelqu'un vint, un jour, trouver le grand philosophe et lui demanda :

— Sais-tu ce que je viens d'apprendre sur ton ami ?

— Un instant, répondit Socrate. Avant que tu ne me racontes, j'aimerais te faire passer un test, celui des trois passoires.

— Les trois passoires ?

— Mais oui, reprit Socrate. Avant de me raconter toutes sortes de choses sur les autres, il est bon de prendre le temps de filtrer ce que l'on aimerait dire. C'est ce que j'appelle le « test des trois passoires ». La première passoire est celle de la vérité. As-tu vérifié si ce que tu veux me dire est vrai ?

à MÉDITER

Les religions ont tué plus de gens que la cigarette, et il n'y a toujours pas d'images choc sur la couverture de la Bible, de la Torah ou du Coran.

— Non, j'en ai simplement entendu parler.

— Très bien. Tu ne sais donc pas si c'est la vérité. Essayons de filtrer davantage en utilisant une deuxième passoire, celle de la bonté. Ce que tu veux m'apprendre sur mon ami, est-ce quelque chose de bon ?

— Ah, non ! Au contraire.

— Donc, continua Socrate, tu veux me raconter de mauvaises choses sur lui et tu n'es même pas certain qu'elles soient vraies. Tu peux peut-être encore passer le test car il reste une passoire, celle de l'utilité. Est-il utile que tu m'apprennes ce que mon ami aurait fait ?

— Non, pas vraiment.

— Alors, conclut Socrate, si ce que tu as à me raconter n'est ni vrai, ni bien, ni utile, pourquoi vouloir me le dire ?

Le suçon

Une femme hurle sur son époux :

— Mais t'es complètement dingue ! Pourquoi tu m'as fait un suçon ?

— Bah, c'est toi qui m'as dit que tu voulais marquer le cou pour notre anniversaire de mariage.

Soins palliatifs

Un très riche et très vieux monsieur vient d'épouser une toute jeune fille. Le lendemain du mariage, celle-ci rencontre l'une de ses amies, qui s'enquiert :

— Et cette nuit de noces ? Ça s'est bien passé ?

— On peut dire qu'il est mort heureux !

Plus rien à me mettre

Un mari rentre chez lui à l'improviste. Il entre dans la chambre et s'étonne de trouver sa femme entièrement nue...

— Ben, ma chérie... qu'est-ce que tu fais toute nue à cette heure-là ?

— C'est parce que tu ne m'achètes plus de vêtements alors, forcément, j'ai plus rien à me mettre !

— Tu te moques de moi ?

L'homme ouvre la penderie et compte les robes sur les cintres :

— Une robe, deux robes, trois robes, pardon monsieur... Quatre robes...

Théorie du con plot

Deux amis discutent de la campagne de vaccination :

— Pourquoi tu ne t'es pas fait vacciner contre la Covid ?

— Parce que tous ceux qui ont reçu le premier vaccin contre la variole en 1788 sont aujourd'hui décédés. Ça fait réfléchir, non ?

Frontière belge

Une voiture s'approche d'un poste-frontière belge, où deux douaniers, totalement crétins, bavardent pour faire passer le temps. Là, l'un d'eux s'aperçoit qu'il s'agit d'un Noir au volant d'une voiture immatriculée en Belgique. Il lui fait signe de s'arrêter et lui demande ses papiers. En examinant les papiers du conducteur, il prend un petit air satisfait et dit :

— Eh bien, d'où viennent ces papiers ?

— De la préfecture, lui répond le Black, un peu courroucé.

— Dites, mon garçon, on ne me la fait pas à moi ! Sur vos papiers, il est écrit que vous êtes belge.

— Oui, monsieur, je suis belge !

— Arrêtez de vous foutre de moi, je vois bien que vous êtes noir.

— Parfaitement, monsieur, je suis belge et je suis noir, dit le gars, de plus en plus énervé.

— C'est ça, mon garçon, et je dois vous croire ?

— Oui, puisque je vous le dis. Je suis noir, je suis belge et je suis même wallon !

Il y a tant de conviction dans les propos de ce brave type que, pris d'un doute, le douanier va voir son collègue et lui demande :

— T'y crois, toi, qu'il y a des Belges wallons et noirs ?

— Tu sais, répond l'autre douanier, il ne faut plus s'étonner de rien ! J'ai vu un reportage à la télé, il paraît qu'il y a des Flamands roses… Alors des Wallons noirs…

L'annuaire

Dans un hôpital psychiatrique, voilà une semaine qu'un patient est plongé dans la lecture minutieuse d'un annuaire.

Passe le médecin-chef qui, intrigué, lui demande :

— Cela a l'air de vous passionner !

— Tout à fait, oui ! Peu d'action dans cette histoire, mais beaucoup de personnages.

Il est flou, Afflelou

Un homme dit à sa femme :

— Il faut vraiment que je change de lunettes.

— Pourquoi ?

— Je suis parti chercher un yaourt dans le frigo, je suis revenu avec une bière !

Un bon conseil

Pendant la crise agricole, le président Macron dit au jeune Gabriel Attal :

— Les manifs d'agriculteurs, ça commence avec des tracteurs, ça se poursuit avec des tractations et ça se termine toujours avec du blé.

Cas de divorce

Une femme hurle sur son mari :

— Je vais demander le divorce.

— OK, comme tu veux.

— Je te souhaite d'avoir une vie de merde !

— Ah bon ? On divorce plus ?

Humour noir

Quelle est la différence entre un camp d'entraînement terroriste et un orphelinat ?

Je ne sais pas, je conduis juste le drone !

TU T'ES TROMPÉ DE PANCARTE !
VOUS N'AUREZ PAS MA HAINE
CELLE-LÀ, C'EST POUR LES ATTENTATS ISLAMISTES ! AUJOURD'HUI ON COMBAT L'OCCUPATION DE GAZA !
Ranson

Jeune couple

Un homme est au téléphone avec sa petite amie :

— Je pourrais traverser des montagnes et des océans rien que pour te voir ! Parce que je t'aime !

— Comme c'est mignon. Tu veux venir chez moi maintenant ?

— Là ? Tout de suite ? Non, il pleut.

Lèche-moi le casque

Un petit garçon joue un match de hockey avec ses copains. Soudain, alors qu'il est assis sur le banc, il enlève son casque et se met à le lécher. Il retourne ensuite sur la patinoire et marque un but, puis il se rassoit sur le banc, attend cinq minutes, et se remet à le lécher avant de retourner sur la glace et de marquer un autre but. Il refait cela une troisième fois. Son entraîneur, qui a remarqué son petit manège, lui demande pourquoi il lèche son casque. Alors, le petit gars lui répond :

— Hier soir, j'ai entendu mon père qui disait à ma mère : « Lèche-moi le casque, puis ça va rentrer ! »

Discrétion absolue

Un homme a été cambriolé. Le lendemain, le commissariat le prévient qu'on a arrêté le voleur et le convoque. L'homme demande au policier :

— Puis-je parler au cambrioleur ?

— Pour lui dire quoi ?

— Écoutez, monsieur le commissaire, il a pénétré chez moi à 2 heures du matin sans réveiller ma femme. S'il m'explique comment il s'y est pris, je retire ma plainte !

Argent liquide

Un homme, en payant sa dette en espèces à un copain, lui dit :

— Si tu peux les encaisser plus tard, ça m'arrangerait.

Le parfum

Une femme appelle son mari :

— Chéri ! Viens vite ! Maman ne se sent pas bien !

— Alors qu'elle se fasse sentir par quelqu'un d'autre !

Flash info économie

« Le ministre de l'Économie l'a annoncé, la prévision de croissance en France est seulement de 1 %, elle est aussi faible que celle de David Pujadas entre ses 10 et 20 ans. »

Auto-auto-école

Pour économiser l'argent du permis de conduire, Maurice apprend à conduire à sa femme, Sarah.

Dans une descente, les freins lâchent :

— Mon Dieu, Maurice ! Que dois-je faire ?

— Garde ton sang-froid et essaye de défoncer quelque chose qui soit bon marché…

Cinq fruits et légumes par jour

Deux poivrots discutent dans un bistrot :

— Mon médecin m'a conseillé de beaucoup boire et de manger beaucoup de fruits.

— Et alors ?

— Et alors, je suis passé à la sangria !

Bayrou 2027

Dans les bureaux du MoDem, les conseillers discutent de la prochaine présidentielle :

— Il suffirait de changer un peu les règles électorales pour que François Bayrou devienne enfin le prochain président.

— J'ai une idée !

— Laquelle ?

— Que celui qui a les plus grandes oreilles gagne !

Petit plat en équilibre

— Surprise, mon chéri ! J'ai préparé le dîner.

— Ah… OK… super. Et qu'as-tu préparé ?

— De la daube.

— Oui, ça, je m'en doute, mais quel plat ?

LES FRANÇAIS, ILS SONT TOUS RACISTES...
MAIS JE NE SUIS PAS RACISTE, MOI !
T'ES FRANÇAIS TOI ?!
Ranson

Humour noir

Le directeur d'un hôpital appelle l'infirmier pour le blâmer :

— J'ai appris que vous aviez dit au malade de la chambre 34 qu'on allait lui couper les deux jambes. Vous croyez que ce sont des choses à dire à un patient ?

— Mais, monsieur le directeur, c'était juste une blague pour le faire marcher !

FLASH INFO POLITIQUE

« Le maire écologiste de Bordeaux, Pierre Hurmic, exige dorénavant que les sapins de Noël soient étourdis avant d'être abattus. »

Communiqué des supermarchés belges

« Nous tenons à signaler à notre clientèle que le sel de table n'est pas fait à partir de tables. »

Manger bouger

Un homme en surpoids décide de se reprendre en main.

Il explique à l'un de ses amis :

— Pour maigrir, je fais tous les matins, depuis un mois, deux heures d'équitation.

— Bravo ! Et ça fonctionne ?

— Ben… disons que le cheval a déjà perdu 15 kilos.

Faute professionnelle

Deux exhibitionnistes marchent dans la rue. L'un dit à l'autre :

— Fais gaffe !

— Quoi ?

— Ta braguette est fermée !

Etchebest en colère

Philippe Etchebest, le juré de *Top Chef*, dîne dans un restaurant quatre étoiles. Il appelle le serveur avant de se mettre à tempêter :

— Mais il est dégueulasse, votre bœuf bourguignon ! C'est honteux ! Pourriez-vous dire au chef qu'il se le foute au cul ?!

— Ah ! Monsieur Etchebest, répond le garçon très poliment, je crois que ce n'est pas possible pour le moment. À l'endroit que vous dites, il y a déjà un coq au vin, une truite aux amandes et une quiche lorraine...

Changement de régime

Deux copines discutent à la plage :

— Je suis allée sur le site de Weight Watchers, pour maigrir.

— Et alors ?

— Et alors, ils m'ont demandé d'accepter les cookies. Je me suis dit, ça commence mal !

Un long monologue

Dans une salle de théâtre, un spectateur, après avoir jeté un coup d'œil au programme, dit à sa femme, blonde :

— Je vois arriver un long monologue.

— Ah non ! répond la blonde. J'espère qu'il ne va pas venir s'asseoir juste devant moi.

Dals

Vous connaissez la différence entre *Danse avec les stars* et *Danse avec les loups* ?

Dans le film *Danse avec les loups*, il y a des loups.

L'esprit d'entreprise

Un ex-salarié vient se plaindre au conseil de prud'hommes :

— Mon boss m'a renvoyé pour faute grave sous le prétexte qu'il m'avait vu, pendant une averse, m'abriter sous un parapluie.

— Ce n'est pas possible !

— Si, mais il faut dire que j'étais représentant chez K-Way.

Drag race

Un homme raconte à un ami :

— Hier soir, ma femme m'a traité de « travesti » !

— Qu'est-ce que t'as fait ?

— J'ai pris ses affaires et je suis parti !

No smoking

Avant de se rendre à une réception chez des amis, un pingouin demande à sa compagne :

— Qu'est-ce qu'ils entendent, au juste, sur leur invitation, par tenue de ville ? Moi, je n'ai qu'un smoking.

Une idée de génie

Un homme trouve une lampe magique. Il la frotte et un génie en sort. Le génie lui dit qu'il réalisera trois vœux, mais que sa belle-mère recevra le double de chaque vœu qu'il aura exaucé.

L'homme accepte et demande une fortune, 1 milliard de dollars. Le génie lui offre cette somme, en lui précisant à nouveau que sa belle-mère recevra le double. Ensuite, l'homme demande à être le plus bel homme sur Terre. Le génie le lui accorde, mais sa belle-mère sera deux fois plus belle que lui.

— Quel est ton troisième vœu, demande le génie, et surtout n'oublie pas que ta belle-mère…

— Je sais ! l'interromp l'homme. En réalité, je trouve que cela tombe très bien avec mon dernier vœu.

— Ah bon ! répond le génie, intrigué. Quel est ton dernier vœu ?

— Je voudrais que vous me frappiez jusqu'à ce que je sois à demi mort !

Témoignage

« Ma femme est la meilleure personne pour garder un secret dans la mesure où elle n'écoute jamais ce que je lui dis. »

Cours de yoga

Un homme rentre très tard chez lui en prétendant être allé à un cours de yoga. Tandis qu'il se déshabille, sa femme l'examine d'un air soupçonneux.

— C'est fantastique la souplesse que te donne la pratique de cette discipline. Montre-moi donc comment tu as réussi à te faire un suçon sur la nuque ?

Oups !

Une jeune femme demande à sa grand-mère :

— Mamie, tu m'avances de l'argent ? Mon Mac m'a lâché.

— Ma chérie, à ton âge, j'étais déjà une pute indépendante, moi !

— Je parlais de mon ordi.

— Ah…

Témoignage

« La dernière fois que j'ai pris mon pied au lit c'était pour me couper les ongles. »

Les experts

Un policier dit à son collègue :

— Chef, il manque le corps du mari.

— OK, on passe le périmètre au peigne fin.

— Pourquoi au peigne fin, chef ?

— Bah, parce qu'on cherche l'époux.

Trouver chaussure à son pied

Un homme se rend chez un marchand de chaussures. Le vendeur lui demande sa pointure :

— Je fais du 37.

— Monsieur, enfin… ce n'est pas possible, vous faites au moins du 42-43.

Mais le type insiste tellement que le vendeur lui apporte une paire de chaussures pointure 37. Devant ses difficultés pour les enfiler, le vendeur lui demande :

— Je peux savoir pourquoi vous voulez absolument rentrer dans du 37 ?

— Je vais vous le dire. J'ai un travail de merde, mes ados sont insupportables et ma femme me fait cocu. Alors, mon seul plaisir, le soir, quand je rentre à la maison, c'est de retirer mes chaussures.

Famille bourgeoise

Alors que toute la famille est rassemblée à table, une femme bourgeoise dit à son mari, qu'elle trouve grossier :

— Je t'en prie, Edgar, n'emploie pas le mot « merde » devant les E-N-F-A-N-T-S !

Recette du gratin dauphinois

Une blonde appelle sa mère :

— Allô, maman, j'ai une question à propos de ta recette du gratin dauphinois.

— Laquelle ?

— Où est-ce que tu achètes les dauphins ?

Devinette à la con

Pourquoi l'ouverture de la pêche a-t-elle toujours lieu avant l'ouverture de la chasse ?

Parce qu'il faut toujours sortir la gaule avant de tirer un coup.

LA RELIGION, C'EST L'OPIUM DU PEUPLE !
NE T'INQUIÈTE PAS, ON VA LE CANCELLER...
EN PLUS, C'EST UN JUIF !
Ranson

Devinette

Qui étaient les premiers socialistes ?

Adam et Ève. Ils étaient nus et pauvres et se croyaient au paradis.

L'heure des pas Praud

Quels sont les trois prénoms des invités préférés des émissions politiques ?

Yvon, Paul et Mickey.

Déguisement sexy

Un homme raconte à un ami :

— Hier soir, ma femme a mis son costume de policière sexy et m'a dit, en me passant les menottes : « Vous êtes accusé d'être un bon coup. »

— Ouah, tu as dû passer une super soirée !

— Pas vraiment. Une minute plus tard, elle m'a dit : « La plainte a été retirée par manque de preuves. » En plus, elle m'a collé une contravention pour excès de vitesse !

Entretien d'embûche

Lors d'un entretien d'embauche, un DRH demande à un jeune homme :

— Quelle est votre principale qualité ?

— Je suis très rapide en calcul mental.

— 23 x 564 ?

— 57.

— C'est faux...

— Oui, mais c'est rapide !

Marine au musée

En pleine campagne électorale, Marine Le Pen visite le musée d'Orsay et s'arrête devant l'une des nombreuses œuvres avant d'interpeller le gardien :

— C'est quoi, cette merde ?

— C'est un Van Gogh, madame.

Marine fait quelques mètres et appelle le gardien :

— C'est quoi, cette mocheté ?

— C'est un Miró, madame.

Elle fait quelques mètres de plus et rappelle le gardien :

— C'est quoi encore, cette horreur ?

— C'est un miroir, madame...

Mieux que chez McKinley

Pendant la Covid, Jean Castex discute avec Emmanuel Macron :

— J'ai trouvé un slogan pour faire de la publicité en faveur de la vaccination.

— Lequel ? demande le Président.

— « Faites-vous vacciner pour libérer de la place dans le frigo et y ranger les bières. »

Un travail d'équipe

Une bourgeoise, excédée par la négligence de sa cuisinière, décide de la renvoyer.

Peu après, la cuisinière touche son dernier salaire et s'apprête à quitter la maison. Sur le pas de la porte, elle s'arrête, prend un billet de 20 euros et le jette au chien qui dort sur le paillasson.

La maîtresse de maison, qui a observé la scène, lui demande :

— Mais qu'est-ce qu'il vous prend ?

— Il l'a bien mérité ! Depuis six mois, c'est lui qui nettoie les assiettes.

Perle de môme

Deux gamins discutent :

— Qu'est-ce qu'il fait, ton père ?

— Ce que maman lui dit.

Tout redémarrer à zéro

Deux blonds se rencontrent dans la rue :

— Tu fais une de ces têtes !

— Oui, c'est à cause de mon ordi, il est en panne.

— C'est pas si grave.

— Si ! J'ai appelé la hotline technique, ils m'ont dit de tout redémarrer à zéro. Du coup, j'ai quitté ma femme, mes enfants, mon boulot, et maintenant j'élève des moutons dans le Larzac !

Problème de carrosserie

Une dame se présente dans une station-service avec sa voiture en accordéon :

— Pouvez-vous faire quelque chose ?

Le garagiste inspecte le véhicule et réplique :

— Désolé, ici on lave, on ne repasse pas.

Bêtisier de la presse

« Détail navrant, cette personne avait déjà été victime l'an dernier d'un accident mortel. »

L'Alsace

FLASH INFO

« Selon un sondage, un Français sur deux détesterait l'autre Français sur deux. »

Une petite mort

Un homme confie à son épouse :

— Chérie, j'aimerais mourir en faisant l'amour.

— Au moins, ça serait une mort rapide.

P'tit bout de chou

Une blonde s'approche d'une femme enceinte et lui demande :

— C'est un garçon ou une fille ?

— C'est un p'tit bout de chou !

— Ah, pardon, je croyais que vous étiez enceinte.

Pièces détachées

Un homme appelle un ami au téléphone.

— Qu'est-ce que tu fais ?

— J'ai demandé à ma femme d'aller acheter des bougies pour la Mégane. Donc je revends les bougies parfumées sur Leboncoin.

Wonder Woman

Un homme confie à un ami :

— J'ai épousé une femme avec des super-pouvoirs, elle transforme l'argent en tickets de caisse.

Témoignage

« Ça fait bizarre quand je vois une vieille personne et que je me rends compte que j'étais au collège avec elle. »

CE N'EST PAS PARCE QUE LA PRESSE APPARTIENT AUX MILLIARDAIRES QU'ELLE LEUR EST AUSSI INFÉODÉE, MONSIEUR BOYARD !
AH OUAIS ? POURQUOI ON NE PARLE JAMAIS DE TAXER LES SUPERPROFITS DANS LE JOURNAL DE MICKEY, ALORS ?
Ranson

Silex in the city

Un homme des cavernes sermonne son jeune fils.

— C'est incroyable que tu me rapportes un zéro en histoire alors que celle-ci se résume à la guerre du feu entre deux tribus. Qu'est-ce que ce serait si tu devais te rappeler les dates du couronnement de Charlemagne, des victoires de Napoléon et de l'explosion de la première bombe atomique !

La croisière s'amuse moyennement

Une femme confie à sa mère :

— Je rêve que mon mec m'emmène en croisière.

— Mais, ma chérie, il te mène déjà en bateau !

Les rabbins golfeurs

C'est Martin, un passionné de golf, qui demande au responsable du terrain de golf de lui trouver un groupe de trois personnes pour qu'il puisse être le quatrième de la bande. Quelques jours plus tard, le responsable l'appelle :

— Je vous ai trouvé un groupe de trois, mais je dois vous dire que ce sont des rabbins. Ça ne vous gêne pas ?

— Mais non, pas du tout !

Quelques jours plus tard, Martin et les trois rabbins disputent leur première

FLASH INFO

« Aux dernières nouvelles, dans l'affaire du meurtre du mécanicien chez le garagiste auto, l'enquête est au point mort. »

partie. Dès le premier drive, Martin se sent un peu dépassé : il tombe à 150 m dans le rough, alors que les trois rabbins parviennent tous à 250 m sur le fairway. À la fin de la partie, le score est sans appel : Martin, 7 au-dessus du par. Rabbi Jacob, 3 en dessous du par. Rabi Ézéchiel, 2 en dessous du par. Rabbi Lévy, 1 en dessous du par.

Martin est très impressionné et étonné par les performances des rabbins :

— Vous jouez vraiment très bien. Vous vous entraînez tous les jours pour jouer à ce niveau-là ?

— Non, non, lui répond le rabbi Lévy. On ne joue qu'une fois par semaine. Mais, dans nos prières, le jour de shabbat, dans notre synagogue, nous demandons à jouer correctement. Voilà tout.

Martin rentre chez lui, hyper excité, et dit à sa femme :

— Chérie, on va se convertir au judaïsme.

Sa femme étant une épouse dévouée, ils se convertissent, trouvent une synagogue, se mettent à prier et mangent casher. Une année passe et Martin n'a toujours pas progressé dans son jeu. Il se fait toujours battre par les trois rabbins. Un jour, il n'en peut plus et leur dit :

— Je suis déçu ! J'ai suivi vos conseils, je me suis converti au judaïsme, j'ai rejoint une synagogue où je prie à chaque shabbat, tout ça pour jouer aussi bien que vous. Mais ça fait un an, et je suis toujours aussi nul !

— Dans quelle synagogue priez-vous ? demande rabbi Lévy.

— Beth El.

— Ah, je vois. C'est là, votre erreur. Beth El, c'est pour le tennis.

Livret Ah Ah Ah !

Quelques jours après la naissance de son fils, un homme se rend à la banque et demande :

— Je viens pour ouvrir un livret A pour mon bébé.

On lui tend un formulaire qu'il remplit sans problème, jusqu'à ce qu'il arrive à la case demandant de préciser la profession. Il hésite quelques instants puis il écrit « réveille-matin ».

Le plein, s'il vous plaît

À Bruxelles, un touriste français demande à un passant :

— J'ai besoin de faire le plein de ma voiture. La station-service est-elle loin ?

— Ça dépend, répond le Belge. Vous comptez y aller à pied ou en voiture ?

Une enfance heureuse

Un journaliste interroge un petit vieux qui lui dit :

— Grâce à Emmanuel Macron, j'ai eu une enfance très heureuse.

— Mais, quand vous étiez enfant, il n'était pas né.

— Oui, oui, justement.

Le rêve américain

Aux États-Unis, un gamin de 8 ans entre dans un magasin et demande au vendeur :

— Je voudrais un pistolet-mitrailleur, des cartouches et un paquet de cigarettes.

— Tu n'as pas honte, petit ? demande le vendeur. Tes parents savent-ils que tu fumes ?

Super discount

Deux poivrots discutent dans un bistrot :

— Certains scientifiques prétendent que nous n'utilisons que 50 % de notre cerveau.

— Ouais… moi je n'y crois qu'à moitié.

Trop petit

Une femme dit à son mari :

— C'est quand même bizarre que tu aies des pieds aussi petits par rapport à ta taille !

— C'est parce que ma mère s'entêtait à me mettre des chaussures trop petites quand j'étais bébé !

— Ah ? Alors, elle a aussi dû te mettre des couches trop petites…

Théorie de la gravitation

Un adjudant explique à ses soldats la théorie de la gravitation :

— Si, par exemple, vous jetez une pierre en l'air, elle va retomber par terre. C'est ça la gravitation !

— Et si la pierre tombe dans l'eau, demande un soldat ?

— Dans ce cas, ce n'est plus de notre compétence, répond l'adjudant, c'est du ressort de la marine !

Le pléonasme

Un footballeur demande à être remplacé sur le terrain.

— Pour quelle raison ? interroge l'entraîneur.

— J'ai un ongle de pied incarné dans la chair, explique le joueur.

Avec un léger sourire, le coach lui répond :

— C'est un pléonasme ! Il faut aller voir le médecin.

Une fois devant le docteur, le footballeur explique :

— J'ai un pléonasme au pied. C'est l'entraîneur qui l'a dit.

— De quoi se mêle-t-il celui-là ? Ici, c'est moi qui pose les diagnostics.

Problèmes d'audition

— Je suis inquiète, dit une femme à un pédiatre, mon garçon a probablement des problèmes d'audition.

— Comment l'avez-vous constaté ?

— Eh bien, docteur, j'ai beau lui crier très fort « Léo, range ta chambre ! », il n'entend visiblement rien.

En chuchotant, le pédiatre demande à l'enfant :

— Si je t'achète une bonne glace, tu choisiras quel parfum ?

— Chocolat, monsieur !

Les filles de mon pays...

Enrico Macias, un pilote et deux hôtesses de l'air sont dans un avion.

L'avion tombe en panne et est sur le point de s'écraser, mais il n'y a que deux parachutes !

Le pilote propose alors :

— Les deux hôtesses vont mettre les parachutes et Enrico et moi, on va s'agripper à leurs jambes.

Tout le monde saute et les choses se passent bien : les parachutes s'ouvrent et ils commencent à descendre tranquillement.

Le pilote lève alors les yeux et remarque que l'hôtesse de l'air à laquelle il est toujours suspendu n'a pas de culotte et qu'on peut voir son joli minou…

Inspiré et en hommage à Enrico, il se met à chanter :

— Ah, qu'elles sont jolies les filles de mon pays...

Et Enrico de reprendre en tapant dans les mains :

— Laï, laï, laï, laï, laï, laï… Haaaaaaaahhhhhhh !

Allais !

L'instituteur dit à ses élèves :

— Mettez ce texte d'Alphonse Allais au futur !

Un élève lève la main et dit :

— Alphonse ira.

Un truc de dingue !

Un homme, dans un bar, raconte à un ami :

— Il m'est arrivé un truc de dingue.

— Raconte !

— Hier soir, j'ai rencontré pour la première fois la jumelle de ma femme, elle baisait un mec chez nous, dans mon lit en plus ! C'est une sacrée nympho contrairement à ma femme, j'ai choisi la mauvaise sœur on dirait.

Attention à la marche !

Des funérailles sont organisées à la synagogue pour une femme qui vient tout juste de mourir.

À la fin du service, les employés des pompes funèbres prennent le cercueil et, accidentellement, loupent une marche et renversent le cercueil qui s'ouvre, laissant le corps de la défunte au milieu de l'allée. Là, miracle, on s'aperçoit que la femme vit encore.

Dix ans plus tard, la femme meurt pour de bon, une cérémonie est organisée dans la même synagogue. Alors que les employés des pompes funèbres portent le cercueil, le mari de la défunte se met à crier :

— Hé, les gars ! Attention à la marche !

LE DANGER POUR LA DÉMOCRATIE DANS CE PAYS C'EST LA MONTÉE DE L'EXTRÊME DROITE ET NOUS LA COMBATTRONS PARTOUT...
AH? ET C'EST QUI L'EXTRÊME DROITE?
TOUS CEUX QUI NE SONT PAS D'ACCORD AVEC NOUS!
Ranson

Le mille-pattes de compagnie

Un homme vivant seul décide un jour que sa vie serait moins monotone avec une bestiole quelconque pour lui tenir compagnie.

Dans une animalerie, il opte pour un animal peu commun, un mille-pattes, qu'il emporte chez lui.

Il se dit alors que la meilleure chose à faire, pour fêter son arrivée, est de l'emmener dans un bar pour boire une petite bière.

Il demande alors à son mille-pattes :

— Tu veux aller chez une copine avec moi, pour prendre une bière ?

Pas de réponse... ce qui l'énerve un peu. Il attend, puis redemande :

— Bon, alors, tu viens avec moi prendre une bière chez ma copine ?

Mais toujours aucune réponse...

Il attend encore un peu plus, se demandant pourquoi son petit mille-pattes ne répond pas !

Déjà bien agacé, il le relance :

— TU VIENS BOIRE UNE MOUSSE OU MERDE ?!

Et soudain, une petite voix sortant de la boîte se fait entendre et lui dit :

— PUTAIN, MAIS FERME TA GUEULE.
J'AI COMPRIS... JE METS MES GODASSES !

Décisions

Un psychologue demande à son patient :

— Vous avez des difficultés pour prendre des décisions ?

— Eh bien, pour être franc… oui et non.

Le Saviez-vous ?

Le dromadaire est un animal diurne. C'est le lampadaire qui est un animal nocturne.

Le bon chasseur et le mauvais chasseur

Un père emmène son jeune fils à la chasse pour la première fois et commence à lui expliquer les règles de cette discipline :

— L'essentiel à la chasse, c'est d'être aussi immobile et patient que possible. Il ne faut pas bouger, ni même parler, pour ne pas effrayer le gibier. Compris ?

Le père s'éloigne de son fils et se place en embuscade à près de 500 m de l'endroit où reste planqué le fiston. Trente minutes s'écoulent sans que rien ne se passe.

Au bout d'une heure, le père entend un grand cri et voit, peu après, son fils arriver en courant dans sa direction.

Le père lui demande alors :

— Que se passe-t-il ? Je t'avais demandé d'être le plus calme possible.

Et le fils de répondre :

— Papa, j'ai su rester calme quand la vipère a rampé sur mes pieds. J'ai su rester calme quand l'ours est passé à 5 m devant moi. Mais, quand j'ai entendu les deux écureuils qui étaient rentrés dans mon pantalon, dire « On les emporte ou on les laisse sur place ? », j'avoue que j'ai paniqué.

Témoignage

« À 20 ans, je pouvais regarder trois films dans la même soirée. À 50 ans, j'ai besoin de trois soirées pour regarder un film. »

Un problème de voix

Un homme marié, salarié dans une grande entreprise, a un gros problème : sa voix. Eh oui, sa voix est efféminée et, au boulot, tous les matins, quand il arrive et dit « Bonjour, les gars ! » dans les tons aigus, invariablement, ses collègues se moquent de lui. N'en pouvant plus, il décide, accompagné de son épouse, de consulter un brillant urologue, spécialiste des opérations du sexe.

— Voilà, docteur, j'en ai assez des boutades, des moqueries ! Faites quelque chose, je suis au bord de la dépression.

— Ne vous inquiétez pas, j'ai la solution. Je vais vous greffer un sexe en bronze et vous aurez une vraie voix de mâle, croyez-moi !

Ravi, l'homme prend immédiatement rendez-vous pour se fait opérer. L'opération est un succès, il a une voix suave à souhait. Il est heureux de se rendre à son travail et de lancer d' une voix virile : « Bonjour, les gars ! »

Tous ses collègues sont abasourdis et les railleries s'arrêtent net.

Une semaine passe sans souci, notre gars est enchanté.

Mais un matin :

— « Bonjour, les gars ! »

HORREUR, sa voix de castrat est de retour. Paniqué, il rentre chez lui et demande à sa femme :

— Chérie, chérie ! T'as pas vu mon sexe en bronze ?

Et sa femme, avec une voix des plus masculines, lui répond :

— Non, je ne l'ai pas vu...

Méchant petit-fils

— Kévin, tu n'as pas honte d'avoir crevé l'œil de ton pauvre grand-père ?

— Mais maman, il n'en a pas besoin, il me dit toujours qu'il ne dort que d'un œil !

Parole de sage

Je rappelle à tout le monde que l'expression « la femme de ma vie » date du XVIIe siècle. À l'époque, on mourait très jeune.

On peut toujours compter sur les ados

Une mère revient des courses et court dans la cuisine. Elle dit à son ado de fille :

— Le lait a débordé ! Je t'avais dit de surveiller ta montre !

— C'est ce que j'ai fait ! ronchonne l'ado. Et je peux te dire qu'il était très précisément 11 h 24 quand le lait a débordé !

Chien méchant ?

Un enfant hésite à ouvrir le portail de sa voisine, en raison du chien qui monte la garde.

— Entre, mon petit. N'aie pas peur ! Tu ne connais pas le proverbe « Chien qui aboie ne mord pas » ?

— Si, madame. Mais votre chien, vous êtes sûre qu'il le connaît aussi ?

Je zappe et je mate

Deux amis discutent :

— La télé, ça devient vraiment n'importe quoi.

— Pourquoi tu dis ça ?

— On ne peut plus regarder les pubs sans être interrompu par un film !

Plan d'épargne de couple

— Que se passe-t-il, mon chéri ? demande une femme à son mari. T'as l'air soucieux.

— J'ai besoin de 2 000 euros pour qu'on ne finisse pas le mois à découvert.

— Ne te tracasse pas, répond sa femme. Regarde dans le tiroir de ma coiffeuse et tu y trouveras tes 2 000 euros.

— Mais… comment est-ce possible ?

— Je vais t'expliquer, répond avec douceur la femme. Depuis le premier jour de notre mariage, j'ai pris l'habitude de mettre dans ce tiroir un billet de 10 euros à chaque fois que tu m'as fait l'amour.

Devant l'air sombre de son époux, elle demande :

— Pourquoi fais-tu cette tête ?

— Parce que je pense à tout l'argent que j'ai perdu en couchant bêtement avec ma secrétaire.

à MéDiTeR

Placez toujours la barre très haut dans la vie. Ça vous évitera de vous la prendre dans la gueule !

IL PARAÎT QUE LES JEUNES CONSOMMENT DE PLUS EN PLUS DE PORNOGRAPHIE MAIS FONT DE MOINS EN MOINS L'AMOUR.
QUOI?
Ranson

Lessivée

Au lit, un homme susurre à sa femme :

— Mon amour, un petit câlin ?

— Pas ce soir, chéri, je suis lessivée.

— Même un programme court sans prélavage ?

FLASH INFO

« La Covid-19 vient d'infecter Vladimir Poutine. Bilan : c'est le virus qui est mort. »

Le condensé

Un homme téléphone à un ami :

— T'as regardé l'intervention de Gabriel Attal ?

— Non, j'ai juste vu un condensé.

— Ah ? Parce qu'il danse maintenant ?

Toto au temps de la Covid

L'instituteur demande au jeune Toto :

— Toto, tu veux faire quoi plus tard ?

— Je veux être docteur !

— Ah, c'est bien ça. Tu veux sauver des vies ?

— Non, c'est juste pour raconter des conneries à longueur de journée sur les chaînes info sans être contredit. C'est aussi pour faire peur à tout le monde et vendre des bouquins à la con !

Témoignage

« J'ai un frigo intelligent, un four intelligent, une machine à laver intelligente, une télé intelligente… Finalement, le seul débile à la maison, c'est moi… »

Naufragés

Deux naufragés survivent depuis quelques jours sur un radeau en plein océan.

Un jour, l'un des deux se saisit d'un couteau et commence à couper la jambe de son compagnon qui se met aussitôt à hurler. Son agresseur lui répond :

— Ça va ! Ne crie pas comme ça, toi aussi t'auras ta part !

à MéDiTeR

L'un des avantages d'être une femme, c'est de pouvoir croiser les jambes sans écraser son cerveau.

À plus, dans le bus

Un homme demande son chemin :

— S'il vous plaît, pour aller au cimetière, où dois-je prendre le bus ?

— En pleine gueule !

Petit bijou

Un homme demande à sa femme :

— Que dirais-tu si je t'achetais ce petit bijou dont tu m'as parlé et qui te fait tant rêver ?

— Cela me ferait plaisir, mais pourquoi m'en parles-tu maintenant ?

— Pour voir une dernière fois ton beau sourire avant de t'annoncer que j'ai accidentellement embouti ta voiture contre un mur.

Le Saviez-vous ?

Dans la Bible, lorsqu'il pleut quarante jours et quarante nuits, ils appellent cela le Déluge. En Bretagne, on appelle ça l'été.

C'est idiot mais ça nous fait rire

Qu'est-ce qui est rouge et qui fait mal aux dents ?

Une brique.

Et la dispute a commencé

Une femme demande à son mari :

— Chéri, comment tu me trouves ?

— En général, je te trouve en train de glander sur le canapé devant Netflix.

Macho man

Une femme demande à son époux :

— Chéri, je suis bien ou je suis moche ?

— Les deux.

— Comment ça les deux ?

— Tu es bien moche !

Qui a le droit de faire ça ?

Au tribunal, le juge demande :

— Accusé, confirmez-vous n'avoir jamais lancé que des tomates à la tête de Patrick Bruel lors de son dernier concert ?

— Je confirme, monsieur le juge !

— Alors comment se fait-il que M. Bruel soit couvert de bleus et de bosses ?

— Est-ce de ma faute si elles étaient en conserve ?

Les enfants doivent savoir

— Maman, comment je suis née ?

— Eh bien, un jour, papa a planté une petite graine. Maman en a pris soin tous les jours. En quelques mois, elle est devenue une plante merveilleuse. On l'a coupée, séchée et fumée. Ce soir-là, on planait tellement qu'on a oublié de mettre une capote.

Voyage de noces

— Quand te maries-tu avec Laurent ? demande une jeune femme à une amie.

— Samedi prochain, et nous avons prévu d'aller en voyage de noces à Venise.

— Ton jeune et bel amant ne va pas te manquer ?

— Non, on part juste une semaine.

Homicide

Une femme vient de tuer son mari. Après avoir examiné le corps et inspecté les lieux, le commissaire lui demande :

— Je ne comprends pas. Il y avait un pistolet chargé dans la table de nuit. Pourquoi avoir utilisé un arc et des flèches pour le tuer ?

— Parce que je ne voulais pas réveiller les enfants…

Sur la banquette arrière

— Ma femme, raconte un homme à son ami, aime faire l'amour sur la banquette arrière de notre voiture.

— Ah oui ?

— Oui, mais j'évite de regarder dans le rétroviseur pendant que je conduis pour ne pas me laisser distraire.

Bis !

Un homme dit à sa femme :

— Chérie, ça te dit de faire l'amour en musique ce soir ?

— Si tu veux, mais choisis un album live… pour une fois, tu auras des applaudissements !

Abracadabra

Un mendiant raconte à un autre :

— Hier, à la sortie d'un théâtre, un prestidigitateur a déposé un billet de 100 euros dans le chapeau que je lui tendais.

— T'as dû être content !

— Non ! Quand j'ai fouillé dans mon chapeau pour prendre le billet, il en est sorti une putain de colombe !

Ça gaz ?

Deux amis discutent de l'actualité.

— J'ai lu dans le journal que Bernard Arnault émet autant de CO_2 que 1 158 Français.

— C'est énorme. T'imagines combien de boîtes de cassoulet il doit manger par jour !

Poutine en 2030

Vladimir Poutine est en enfer. Au cours d'une permission sur Terre, il se rend dans un bar à Moscou, commande une vodka et demande si l'Ukraine est toujours « à nous ». Rassuré par la réponse affirmative, il demande l'addition.

— 5 euros, lui répond le serveur.

à méditer, mesdames

Derrière chaque femme en colère se trouve un homme qui n'a aucune idée de ce qu'il a fait de mal.

De particulier à très particulier

Au volant d'une vieille Lada de plus de trente ans, un homme se présente à un péage. L'employé lui dit :

— 11 euros.

En descendant de sa voiture, l'automobiliste lui donne les clés et déclare :

— Pour ce prix-là, elle est a vous.

Témoignage

« Je sais que vous vous moquez de ma passion pour les anagrammes, mais sachez que je m'en bats les "lucioles". »

ELLE A ÉTÉ FÉCONDÉE SANS L'AVOIR VOULU, POURQUOI LA VIERGE MARIE N'EST PAS LA SAINTE PATRONNE DE #metoo?
PARCE QU'IL Y A PRESCRIPTION ET QUE, FAUTE DE PREUVE, L'AFFAIRE A ÉTÉ CLASSÉE SANS SUITE.
Ranson

Fausse citation

« Le sexe, c'est l'avenir.
Tout ça pour vous dire que j'ai
mon avenir entre mes mains. »

Dominique Strauss-Khan

C'est le comble

Quel est le comble pour un médium ?

C'est de recevoir un coup de pied occulte.

Ça rime à rien

— Mademoiselle Lise, permettez que je vous bise.

— J'aurais dû m'appeler Thérèse…

La France des territoires

Dans une caserne française, un adjudant rassemble tous les nouveaux et hurle :

— Les Bretons et les Corses, à gauche !

— Les Alsaciens et les Lorrains, à droite !

— Les Provençaux et les Normands, devant !

— Et les Ch'tis, derrière !

Un grand remue-ménage s'ensuit. Une fois la poussière dissipée, l'adjudant voit qu'il reste trois Maghrébins et trois Noirs au milieu de la cour. L'un d'eux lève le doigt et demande :

— Et nous, les Français, on va où ?

Retour vers le futur

Un goy appelle un ami juif en panique :

— Dis-moi, vous autres les Juifs, vous êtes en 5781, n'est-ce pas ?

— Oui, c'est exact.

— Alors, dis-moi comment elle se termine, cette année 2024 de merde ?

C'est bête

Un homme et une femme se rencontrent lors d'un rendez-vous Tinder.

— Qu'est-ce que tu fais dans la vie ? demande la jeune fille.

— Je travaille avec les animaux.

— C'est trop beau, j'apprécie énormément les hommes qui aiment les animaux. Où est-ce que tu travailles ?

— Je suis boucher.

Le poseur de moquette

Un artisan pose de la moquette chez une petite vieille. Il s'affaire depuis des heures, c'est la fin de journée et il a presque fini. Il ne lui reste plus qu'un dernier coin à agrafer. Une fois terminé, il se retourne pour vérifier son travail et découvre une bosse au beau milieu de la moquette.

— Merde ! s'exclame l'artisan. C'est mon paquet de cigarettes ! Je vais quand même pas tout redécoller pour ça !

L'artisan se met alors à sauter sur la bosse pour l'écraser. Il saute, saute et saute jusqu'à ce que la moquette soit bien plate.

À ce moment-là, la petite vieille entre dans la pièce et lui dit :

— Monsieur, j'ai retrouvé votre paquet de cigarettes sur la table de la cuisine. En revanche, vous n'auriez pas vu mon hamster ? Il s'est échappé de sa cage.

Ça va ?

Un député Renaissance appelle l'un de ses collègues :

— Allô, ça va ?

— Oui, ça va.

— Ah, pardon, j'ai dû faire un mauvais numéro.

Devinette à la con

Que fait Jackie Chan avant de se coucher ?

Il se Bruce Lee dents.

Lego master

— On fait une soirée Lego demain soir, tu viens à la maison ?

— C'est quoi, une soirée Lego ?

— C'est une soirée où tout le monde s'emboîte !

FLASH INFO SPORT

« Le rallye Dakar qui, comme son nom l'indique, après avoir eu lieu en Argentine, se passe cette année en Arabie saoudite. Et après, on s'étonne que les élèves français soient nuls au classement Pisa. »

Absurde

Un homme dit à un ami :

— Il y a deux trucs que j'adore.

— Quoi ?

— Faire les choses à moitié.

Oups

Dans une soirée, une femme dit à son mari :

— Regarde dans ce coin sombre, là-bas, comment cet homme embrasse avec passion cette jolie blonde. Pourquoi n'en fais-tu pas autant ?

— J'ai essayé pendant que tu étais aux toilettes, mais elle m'a flanqué une paire de baffes !

Dati à la Culture

Emmanuel Macron annonce à Gabriel Attal :

— On va nommer Rachida Dati au ministère de la Culture.

— Mais elle n'y connaît rien.

— Mais si, Rachida Dati connaît Hugo... bon, Hugo Boss, pas Victor Hugo.

— Et pour elle, Montaigne c'est une avenue où elle a ses boutiques préférées… pas un auteur, mais c'est déjà un début.

Prix de la consultation

Deux médecins bavardent :

— Mon cher confrère, je crois que je vais augmenter mes tarifs.

— Dans ce cas, vous allez déséquilibrer le budget de vos patients.

— Pas du tout !

— Comment allez-vous faire ?

— En compensation, je vais les mettre au régime.

Vigie Culottes

Un homme téléphone à la DGSI :

— Allô, je suis inquiet, ma femme s'habille avec des jupes de plus en plus courtes.

— Et en quoi cela concerne l'antiterrorisme ?

— Je crois qu'elle s'est raduculisée !

FLASH INFO

« Trois astronautes viennent d'être placés en garde à vue pour avoir montré l'orbite. »

ÇA NE TE DÉRANGE PAS DE PRATIQUER LE MANSPREADING À L'ÉPOQUE DE #metoo ?
ET SI JE RETIRE MA MAIN DE TON CUL, TU FERMES TA GUEULE ?
Ranson

Tu m'aimes ?

Une femme dit à son mari :

— Je vais me coucher, je t'aime.

— Moi aussi.

— Toi aussi, tu m'aimes ?

— Moi aussi, je vais me coucher.

Le retardataire

Mécontent, un patron attend son employé qui est systématiquement en retard pour le réprimander :

— Enfin ! Mais à quelle heure croyez-vous que nous commençons à travailler ici ?

— Comment voulez-vous que je le sache ? Quand j'arrive, tout le monde est déjà là !

Autosuggestion

Un professeur demande à Toto :

— Qu'est-ce que l'autosuggestion ?

— C'est facile ! répond Toto. C'est quand mes parents roulent depuis des heures en voiture et que maman se fâche en disant à papa : « Tête de mule, tu vas finir par demander ton chemin à un passant ? »

Intime conviction

— Maître, dit une jeune femme à son avocat, je veux demander le divorce.

— Très bien et puis-je savoir pour quel motif ?

— Mon mari me trompe.

— Avez-vous des preuves ?

— Non, mais j'ai une intime conviction.

— Laquelle ?

— Je suis persuadée qu'il n'est pas le père de mon dernier enfant.

Le Saviez-vous ?

À 16 semaines, il semblerait que le bébé entende la voix de sa mère.

Une certitude, c'est qu'à 16 ans, il ne l'entend plus.

Morning glory

Un garçon demande à sa nouvelle petite amie :

— Tu fais quoi en premier, le matin, quand tu te réveilles ?

— La gueule !

Remaniement

Deux amis parlent de politique :

— T'as vu, il va y avoir un nouveau remaniement ministériel.

— Oh, tu sais, le remaniement, c'est un peu comme un film de Claude Lelouch. On ne s'attend à rien mais on est quand même déçu.

Le secret pour être heureux

— Le secret pour être heureux, dit un père à son fils, peut être résumé en deux mots : « Ne discute jamais ! »

— Mais papa, cela fait trois mots.

— Décidément, répond le père, tu ne comprends rien !

Rentre ton ventre

Une femme entre dans sa salle de bains et voit son mari tout nu, en train de se peser, tout en rentrant son ventre. Elle rigole et lui dit :

— Tu sais, t'as beau rentrer ton ventre, ça ne fera pas descendre ton poids !

— Je sais bien, répond l'époux, vexé, mais au moins ça me permet de le lire !

Le petit manteau

Un homme entre dans une pharmacie. C'est une très jolie fille qui le sert. Un peu gêné, il lui demande :

— Mademoiselle, vous avez des petits manteaux ?

— Pardon monsieur, je ne comprends pas.

— Des petits manteaux, vous voyez ce que je veux dire ?

— Non, pas du tout.

— Mais si… des petits manteaux !

— Des petits manteaux ?

— Oui pour se les mettre sur le…, le…, des petits manteaux pour se les mettre sur le sexe pour ne pas avoir de…

— Ah, vous voulez dire des préservatifs ! Bien sûr, en voici une boîte. Et si vous voulez un petit col de fourrure à votre manteau, je finis à 19 heures.

Chez U

— Chéri, si on allait faire nos courses chez Leclerc ? Aujourd'hui, pour 100 euros d'achats, ils font 10 % de réduc !

— Euh... Allons plutôt chez Super U, pour profiter de la « réduc U » !

Petite annonce

À vendre : Bescherelle. Jamais servit. Très bonne état.

Un « gentil » compliment

Ma femme se regardait dans un miroir et n'était pas très contente de ce qu'elle voyait :

— Je me sens horrible… j'ai l'air vieille, grosse et laide ! J'ai vraiment besoin que tu me fasses un compliment !

Je lui ai répondu :

— Ta vision est excellente !

Et la dispute a commencé…

Zéro étoile au Michelin !

— Garçon, il y a une mouche dans ma soupe aux légumes !

— Que Monsieur se rassure, ce n'est pas une mouche. Pouah, comment pouvez-vous imaginer une telle horreur ! C'est simplement le cuisinier qui s'est mouché dans votre potage.

— Ouf ! Si ça avait été un insecte, ça m'aurait coupé l'appétit !

Pour faire plaisir à papa

— Papa, dit une jeune fille, tu vas être content. Depuis des mois, tu me serines avec le fait que je dois faire des études pour avoir un bon métier et que je dois me marier et avoir des enfants. Eh bien, je me suis enfin décidée à suivre tes conseils. Peut-être pas dans le bon ordre mais, enfin, c'est l'intention qui compte. D'abord, tu vas être grand-père dans six mois.

À chaque coin de rue

Deux copines se rencontrent :

— Je suis déprimée d'être célibataire.

— Ne désespère pas, on dit qu'on peut trouver l'amour à chaque coin de rue.

— Je dois vivre dans un rond-point, alors !

Le coming out

Un fils se confie à sa mère :

— Maman, il faut que je te dise quelque chose d'important.

— Vas-y, mon fils.

— Eh bien, je suis, je suis, je suis… homosexuel !

— Eh bien ! répond la mère, ce n'était pas la peine de faire des comédies à n'en plus finir quand tu devais prendre ta température !

La femme et la statue

Une femme est au lit avec son amant quand elle entend son mari arriver. Paniquée, elle dit à son amant :

— Vite, mets-toi debout, là dans le coin.

Elle enduit alors le corps de son amant d'huile, le saupoudre de talc et lui dit :

— Ne bouge pas jusqu'à ce que je te le dise. Tu es une statue ! J'ai vu la même chez nos voisins, les Martin.

Sur ce, le mari entre et demande à sa femme :

— Qu'est-ce que c'est, ça ?

— Ça, répond la femme, c'est une statue : les Martin en ont mis une dans leur chambre, et ça m'a tellement plu que j'ai acheté la même.

La discussion s'arrête là. À 2 heures du matin, la femme dort et son mari regarde encore la télé. Soudain, il se lève, va à la cuisine, se prépare un sandwich, prend une canette de bière et retourne dans la chambre. Là, il se dirige vers la statue et lui dit :

— Tiens, mange et bois quelque chose ! Moi, je suis resté bloqué deux jours comme un con dans la chambre des Martin, sans même boire un verre d'eau !

Une bonne décision

Un homme se confie à son meilleur ami :

— Après mûre réflexion, je pense que c'est absurde, dans ce monde de fous, avec ses crises économiques, la guerre en Ukraine et au Proche-Orient, d'avoir des enfants. Je n'en veux pas.

— Je comprends.

— Mais le problème, c'est que je ne sais pas comment leur annoncer.

Famille XXL

Un homme passe une visite médicale. Le docteur pose des questions pour remplir le dossier :

— Combien avez-vous d'enfants ?

— Douze.

— Douze enfants ? s'étonne le docteur. Avec la même ?

— Évidemment avec la même… mais pas avec la même femme !

Sarko et Fillon

Nicolas Sarkozy et François Fillon déjeunent ensemble pendant l'affaire dite du « Pénélope gate ».

Alors, ta femme est toujours à la guitare ? demande Fillon à Sarko.

— Oui, toujours, répond l'ancien président. Et toi, la tienne n'est pas encore au violon ?

BEN, AVANT J'ÉTAIS À PÔLE EMPLOI ET MAINTENANT JE SUIS PASSÉ À FRANCE TRAVAIL.
ÇA FAIT QUAND MÊME DEUX LIGNES SUR LE CV, C'EST PAS MAL...
Ranson

PSG ! PSG ! PSG !

— Mon amour ! C'est notre chanson !

— Bah non, ça c'est l'hymne de la Ligue des champions…

— De quoi tu te mêles toi, je parle à ma bière !

FLASH INFO

« Incendie dans une pisciculture. Toutes les carpes sont des truites, il ne reste que des sandres. »

Un bon millésime

Deux amis discutent dans un bar :

— Tu as lu cet article sur le condamné à mort qui avait le droit de faire un dernier vœu ?

— Non, raconte !

— Il a demandé à boire un verre de champagne de son année préférée juste avant l'exécution.

— Ah… Et laquelle a-t-il choisie ?

— L'année 2089.

Bonus ou malus ?

— Je ne comprends pas, ronchonne un automobiliste, pourquoi mon assurance m'a fait sauter mon bonus alors qu'au cours des dix dernières années, j'ai roulé 20 000 km sans le moindre accident. Bon, à l'exception, bien sûr, des 5 derniers mètres.

C'est une bonne question

Si un enfant de 9 ans met de la crème anti-âge qui rajeunit de dix ans, va-t-il disparaître ?

Témoignage

« J'ai passé un coup de fil à un ami et lui ai demandé ce qu'il avait fait pendant le confinement. Il m'a répondu qu'il travaillait sur le traitement aquathermique des céramiques, du verre et des métaux, sous environnement contraint. J'ai été très impressionné. Mais pour mieux comprendre, je lui ai demandé quelques précisions. Il m'a déclaré qu'en fait il lavait la vaisselle à l'eau chaude, sous la surveillance de sa femme ! »

Ça ne va pas faire rire les supporters

Quel est le point commun entre la Turquie, le Royaume-Uni et le PSG ?

Ils ont tous dit « NON » à l'Europe.

Sondage

95 % des singes refusent de croire que l'Homme descend d'eux.

Les citations les plus drôles

« Il y a deux sortes d'amour, l'amour insatisfait qui vous rend odieux et l'amour satisfait qui vous rend idiot. »

Colette

Facebook

Deux copines discutent :

— Mon mec me reproche d'aimer plus Facebook que lui.

— Qu'est-ce que tu vas faire alors ?

— Je vais le bloquer…

Ado timide

Un ado se confie à une amie :

— Je suis super timide. En présence d'une jolie fille, je n'arrive pas à aligner plus de deux mots. J'ai une boule au ventre qui me paralyse. Je bégaye, je tremble, je transpire.

— Ben, avec moi, ça a l'air d'aller…

— Bah oui, je t'ai dit que ce n'était que lorsque je discutais avec une jolie fille.

Les citations les plus drôles

« Ne mettez jamais en doute le courage des Français, ce sont eux qui ont découvert que les escargots étaient comestibles. »

Doug Larson

Coup de gueule

Dans le dictionnaire, je suis tombé sur le mot « indéfinissable ». Et il y avait une définition. Je n'aime pas trop qu'on se foute de ma gueule !

Parole de sage

La légende raconte que si tu fais une queue de poisson à une voiture de police, tu entendras le chant des sirènes.

Le chat fonctionnaire

Dans un ministère, les souris ont envahi les sous-sols où sont entreposées des tonnes d'archives. Heureusement, l'un des chefs de service connaît un ami qui possède un chat réputé bon chasseur de souris et il lui demande de lui prêter.

Au bout de quinze jours, il n'y a plus une seule souris et le ministère décide d'acheter le chat pour le garder en permanence.

Deux mois après, le chef de service revoit son ami.

— Je ne comprends pas, ton chat était formidable au début mais, depuis quelque temps, les souris sont revenues et il ne fait rien !

— C'est normal, dit l'autre. Vous l'avez titularisé…

Abstinence forcée

Une femme rentre à la maison et annonce à son mari :

— Chéri, j'ai une mauvaise nouvelle, le docteur a dit qu'on ne pourrait pas baiser pendant quinze jours !

— Ah bon, pourquoi ?

— Il part en vacances.

La morale de cette histoire

La professeure a donné un travail à ses élèves de cinquième : « Demandez à vos parents de vous raconter une histoire avec une morale à la fin. »

Le lendemain, les enfants commencent à raconter leurs histoires un par un. Il y avait toutes sortes d'histoires… du lait renversé à l'euro sauvé.

Seul Pierre n'avait rien raconté.

— Pierre, as-tu une histoire à partager avec nous ?

— Oui, madame ! Mon papa m'a raconté une histoire au sujet de ma maman. Elle était pilote et son avion a été touché. Elle a dû s'éjecter au-dessus du territoire ennemi, et tout ce qu'elle avait, c'était une bouteille de whisky, un pistolet et un couteau de survie. Elle a bu le whisky en descendant afin que la bouteille ne se brise pas, et puis son parachute l'a déposée au milieu de 20 rebelles irakiens. Elle en a abattu 12 avec son pistolet, jusqu'à ce qu'elle manque de balles. Puis, elle en a tué 4 de plus avec son couteau, jusqu'à ce que la lame se brise. Enfin, elle a tué les 4 derniers avec ses mains nues.

— Seigneur ! dit la professeure, horrifiée. Qu'est-ce que ton papa t'a dit au sujet de la morale de cette histoire horrible ?

— Qu'il ne faut pas faire chier maman quand elle a bu.

La différence

Connaissez-vous la différence entre une crème glacée et une salade verte ?

Non ? Ça explique votre gros cul !

Made in Marseille

Un jour de grande chaleur, à Marseille, une petite vieille monte dans un bus bondé. Elle s'approche d'une jeune fille et lui dit de sa petite voix :

— Si vous saviez ce que j'ai, vous me laisseriez votre place.

Gentiment, la jeune fille lui laisse sa place, se met debout et commence à s'éventer avec un éventail. La petite vieille la regarde et lui dit :

— Si vous saviez ce que j'ai, vous me donneriez votre éventail.

Gentiment, la jeune fille lui donne son éventail.

Quelques minutes plus tard, la petite vieille interpelle le chauffeur et lui dit :

— Monsieur, est-ce que vous pouvez tourner à droite et me déposer au prochain carrefour ?

— Non, madame, répond le chauffeur, je ne peux pas changer mon parcours. C'est interdit.

La petite vieille reprend sa petite voix et lui dit :

— Si vous saviez ce que j'ai, vous feriez un détour.

Excédé, un passager interpelle la petite vieille et lui demande :

— Mais qu'avez-vous à la fin ?

— Moi, répond la vieille, j'ai du culot.

Intelligence artificielle

Le Paris–Los Angeles vient de quitter Roissy depuis une dizaine de minutes lorsque les passagers entendent dans les haut-parleurs une voix chaleureuse qui leur dit :

— Mesdames, messieurs, bonjour ! C'est le commandant Martin qui vous parle. Le vol auquel vous participez est historique. En effet, pour la première fois, un avion de ligne est entièrement piloté par ordinateur. Nous avons décollé sans aucune intervention humaine, nous resterons pendant la durée du vol en pilotage automatique, et c'est l'ordinateur qui procédera seul aux manœuvres d'atterrissage. Mais n'ayez absolument aucune inquiétude : s'il y avait le moindre problème, dans la seconde qui suivrait, je prendrais les commandes… je prendrais les commandes… je prendrais les commandes… je prendrais les commandes… je prendrais les commandes… je prendrais les commandes… je prendrais les commandes… je prendrais les commandes… je prendrais les commandes…

Parole de sage

Les orgasmes, c'est comme les manucures. Tu peux le faire toi-même, mais c'est quand même plus agréable quand c'est quelqu'un d'autre qui s'en occupe.

Journée mondiale de l'orgasme

Deux blondes discutent. L'une d'elles se tait et baisse les yeux.

— Qu'est-ce que tu fais ?

— Aujourd'hui, c'est la Journée mondiale de l'orgasme.

— Et alors ?

— Et alors, je fais une minute de silence en hommage à tous ceux qui sont partis trop tôt.

Brigitte est jalouse

À l'Élysée, Brigitte Macron est devenue tellement jalouse que, lorsque le Président rentre à la maison le soir, elle procède à une inspection minutieuse. Ne trouvant aucun cheveu sur son costume, elle lui dit :

— Ça, c'est trop fort ! Alors maintenant, Emmanuel, tu me trompes avec une femme chauve !

Il faut lever le pied

Deux blondes discutent :

— Suite à un coup de fatigue, mon médecin m'a conseillé de lever le pied.

— Et ça ne s'arrange pas ?

— Non, ça fait deux jours que j'imite le flamant rose et je ne vois pas bien où ça peut mener.

Parole de sage

Hier soir, j'ai trouvé un portefeuille avec de l'argent dedans et je me suis demandé : « Que ferait Jésus ? » Et je l'ai transformé en vin.

Pas une matheuse !

Un enfant explique à sa maîtresse d'école :

— Ma maman déteste les mathématiques !

— Ah bon ? Et pourquoi penses-tu cela ?

— Parce que je l'entends toujours dire qu'elle ne comprendra jamais pourquoi elle prend 3 kilos alors qu'elle ne mange qu'un carré de chocolat.

TOUT LE MONDE DIT QUE L'ON DOIT CONSOMMER MOINS DE VIANDE POUR LUTTER CONTRE LE RÉCHAUFFEMENT !
COMME PAR HASARD...
Ranson

J'ai la pêche !

Une femme attend son mari de pied ferme. Dès qu'il rentre du bureau, elle lui hurle dessus :

— Te souviens-tu quand tu es allé à la pêche il y a quelques semaines ?

— Oui, pourquoi ?

— Eh bien, ta truite vient d'appeler, elle est enceinte !

Absentéisme

En Italie, un directeur d'usine, excédé par l'absentéisme de certains employés, décide d'afficher un écriteau à l'entrée de son établissement :

« Les ouvriers désireux de se rendre aux obsèques d'un parent sont instamment priés de prévenir la direction la veille du match. »

Mes chers parents, je pars

Saint Pierre accueille Michel Sardou qui vient de décéder et lui annonce :

— Monsieur Sardou, avant d'aller au paradis, vous devez d'abord faire un court passage par le purgatoire.

— Très bien, et que dois-je y faire comme pénitence ?

— Réécouter l'ensemble de vos albums.

Témoignage

« Quand j'étais plus jeune, je dansais la lambada ; à présent je danse le lumbago. »

Deux poids, deux mesures

Deux poivrots discutent dans un bar :

— T'en penses quoi de l'interdiction des animaux sauvages dans les cirques ?

— Je suis pour. Il ne reste plus qu'à interdire les clowns au gouvernement.

En manque de sexe

Une femme susurre à l'oreille de son mari :

— Je pense que tu manques de sexe, mon chéri.

— Il ne tient qu'à toi d'y remédier, répond le mari, très excité.

— OK, répond la femme, mais je ne vois pas comment t'en ajouter plusieurs centimètres !

Parole de sage

Ne soyez pas en colère contre les paresseux. Ils n'ont rien fait.

Vengeance

Mon ado de fils m'a traité de ringard.

On en a ri ensemble.

Puis j'ai changé le mot de passe du wifi.

La nouvelle sirène

Chez les pompiers, une nouvelle sirène ultramoderne vient d'être livrée.

— Que va-t-on faire de l'ancienne ? demande un pompier.

— Ne vous inquiétez pas, répond le chef. On s'en servira pour les fausses alertes !

Témoignage

« Il paraît que pour se mettre
au footing, il faut y aller petit à petit.
C'est bon, j'ai mis mon jogging,
ça suffira pour aujourd'hui. »

BRUNO, LES FINANCES DE LA FRANCE SONT DANS UNE SITUATION CATASTROPHIQUE !
C'EST BIEN EMBÊTANT...
SURTOUT POUR TOI QUI VAS DEVOIR RETOURNER DANS LE PRIVÉ EN 2027 !
Ranson

C'est une bonne question !

Pourquoi, dans les bars, ils ne font pas comme chez Afflelou ? Le deuxième verre à 1 euro ?

À côté de la plaque

Un type entre en courant dans un commissariat :

— On vient de me voler ma voiture ! On vient de me voler ma voiture ! Sous mes yeux !

— Vous avez vu le voleur ? demande le brigadier.

— Non, mais j'ai relevé le numéro de la plaque…

M. et Mme

M. et Mme Climafon ont une fille. Comment s'appelle-t-elle ?

Djemila (« J'ai mis la clim à fond »).

La profileuse idéale

Un inspecteur de police fait passer un entretien d'embauche à trois blondes en vue de trouver la prochaine inspectrice. Il montre une photo à la première blonde.

— C'est un suspect. Regarde bien sa photo pendant trente secondes et dis-moi comment tu le reconnaîtrais dans la rue.

La blonde répond :

— C'est facile. Il n'a qu'une oreille.

Le visage de l'inspecteur se défait.

— C'est normal qu'il n'ait qu'une oreille : la photo est de profil !

Il se tourne ensuite vers la deuxième blonde et lui montre la même photo.

— C'est facile, il n'a qu'un œil !

Le policier commence à s'énerver :

— C'est normal qu'il n'ait qu'un œil et qu'une oreille, il est de profil !

Puis, il se tourne vers la troisième blonde et lui lance :

— Réfléchis bien avant de dire des bêtises. Comment reconnaîtrais-tu le suspect ?

La blonde, un peu paniquée, finit par dire :

— C'est facile. Il porte des lentilles de contact.

Le policier, qui n'était pas courant de cet élément, se précipite pour examiner le dossier et vérifie l'information. Le suspect porte en effet des lentilles de contact. Très surpris, il revient vers la blonde et lui demande :

— Comment as-tu su qu'il portait des lentilles ?

— C'est facile ! Avec un œil et une oreille, il ne pouvait pas porter de lunettes !

Supercondriaque

Une femme confie à une amie :

— Je suis tellement hypocondriaque qu'après ma mort, mon fantôme ira vérifier sur Doctissimo ce que je risque en traversant les murs.

Un Américain en Chine

Un touriste américain, en voyage à Pékin, a une grosse envie de faire pipi. Ne trouvant pas de WC, il se place entre deux voitures mais un policier arrive et lui dit :

— Que faites-vous ? Vous ne pouvez pas uriner ici !

— Monsieur l'agent, j'ai tellement envie !

— Bon, suivez-moi.

Le policier chinois le conduit alors dans un très joli parc, devant un très bel immeuble et dit à l'Américain :

— C'est bon, ici vous pouvez.

Après avoir fait ses besoins sur le mur de l'immeuble, le touriste se tourne vers le Chinois et lui dit :

— Ah, merci, c'était parfait. C'est ça, la fameuse hospitalité chinoise !

— Pas du tout, répond le Chinois, ici c'est l'ambassade américaine.

Nique ta maîtresse

L'institutrice demande au jeune JoeyStarr :

— Joey, tu as dix bonbons et je t'en prends quatre. Combien t'en reste-t-il ?

— Dix, madame, répond le jeune JoeyStarr, plus un cadavre et un casier judiciaire.

HAAAAA ou Hoooooo ?

Messieurs, quelle est la différence entre un « HAAAAAA » et un « Hoooooo » ?

5 cm.

Ayaï Nakamura

Un homme écrit une lettre à la chanteuse Aya Nakamura :

« Bonjour Aya, vous ne me connaissez pas, mais moi je vous connais depuis un moment. Il y a dix-huit mois, j'ai eu un grave accident de la route qui m'a totalement paralysé, mais vous m'avez aidé à guérir vite. Donc, après de longs mois de rééducation, j'ai aujourd'hui pu me tenir debout et marcher quelques mètres pour, enfin, aller éteindre votre musique de merde tout seul ! »

Les Bronzés 4

En arrivant au Club Med d'Abidjan, un homme s'étonne :

— C'est curieux, les fenêtres de ma case sont équipées de deux sortes de moustiquaire.

— En effet, lui explique le directeur du club, les moustiquaires de petite taille sont destinées à empêcher les petits moustiques d'entrer, alors que celles de grande taille sont pour les gros.

Parole de sage

Il paraît qu'on fait l'amour comme on cuisine.

Quand tu sais que la plupart des mecs savent à peine faire cuire des pâtes…

Témoignage

« Je viens juste de finir ma déclaration d'impôts. Apparemment, je dois 10 864,70 euros à l'Ukraine. »

Match vraiment nul

Un journaliste sportif belge téléphone à sa rédaction :

— Le match Anderlecht-Standard de Liège vient de se terminer. Résultat 0-0.

— C'est noté ! Quel était le score à la mi-temps ?

— Attendez ! Je vais me renseigner...

JORDAN BARDELLA, C'EST UN PEU LE FILS QUE JE N'AI PAS EU...
LE PETIT-FILS À LA RIGUEUR, PAPA...
LE FILS, CE SERAIT PLUTÔT JEAN-LUC MÉLENCHON.
Ranson

Leçon de plongée

Un Belge décide de prendre des leçons de plongée.

Encadré d'un moniteur, il se rend à la piscine, enfile tout le matériel et plonge. Le moniteur chronomètre…

Une minute… Deux… Trois… Cinq minutes.

Le pauvre Belge réapparaît à la surface en catastrophe. Il est rouge, enfin, plutôt pourpre :

— Allez, c'est fini, j'arrête la plongée, c'est bien trop dangereux !

— Ben oui, répond le moniteur, mais personne ne vous a demandé de descendre avec deux extincteurs dans le dos !

La belle-fille presque parfaite

Une mère dit à son fils :

— Mon fils, j'ai trouvé la femme idéale pour toi. Elle est juive, d'une bonne famille juive, elle a un bon travail, elle est juive, elle n'est pas trop vilaine, elle est juive, elle est très gentille, elle a fait l'université, elle est juive, et elle a seulement un tout petit défaut de rien du tout.

— Ah oui, répond le fils, blasé, lequel ?

— Elle bégaye, mais pas toujours, seulement quand elle parle.

Poème

La maîtresse interroge le jeune Toto :

— Toto, quand un poème n'est pas en vers, il est en quoi ?

— En plastique.

Témoignage

« J'ai fait une lessive avec de la ciboulette… j'avais plus de Persil. »

L'amour foot

Une femme dit à son mari :

— J'en ai assez ! Tu ne t'intéresses pas à moi, il n'y a que le football qui compte. Le samedi soir, on ne sort jamais, tu vas au match. Le dimanche, tu en regardes un autre à la télé, le mardi tu remets ça. Tu ne parles que de foot, j'ai l'impression de ne pas exister. Je suis sûre que tu ne te souviens même pas de la date de notre mariage !

— Alors là, tu te trompes ! C'est le jour où le PSG a battu Barcelone 4 à 1 en Ligue des champions !

Témoignage

« Si je fais parfois des fautes de français, c'est parce que je suis d'origine étrangère du côté de ma grammaire. »

Les « bonnes » habitudes

Un alcoolique est arrêté pour conduite en état d'ivresse. Un mois plus tard, il comparaît devant un tribunal. Le juge lui dit :

— Monsieur, vous êtes ici à cause de la boisson.

— Super ! s'exclame l'alcoolique. On le commence quand, cet apéro ?

Extrait du nouveau discours de Gabriel Attal

Il y a, en France, un problème de baisse de la natalité et de disparition des services publics. Moins il y a de facteurs, moins il y a d'enfants. Je propose donc un réarmement démographique en demandant à La Poste d'engager 30 % de nouveaux facteurs, jeunes et fertiles.

FLASH INFO

« On vient de l'apprendre, Vladimir Poutine se présente à la présidentielle russe, tout comme son opposant Youri Gargarinoff.

Ah non, on vient d'apprendre que Gargarinoff a été victime d'un accident domestique idiot. Il a été retrouvé pendu avec une rallonge électrique et un couteau dans le dos au bas de son immeuble, après une chute de sept étages alors qu'il nettoyait probablement ses vitres. »

Une nouvelle voie lactée

Un astronome, l'œil rivé sur son télescope, s'écrie :

— J'ai fait une découverte extraordinaire !

— Laquelle ? demande un collègue.

— Une deuxième voie lactée, demi-écrémée, celle-là.

Blague débile

Un homme va chez son antiquaire et lui dit :

— Alors, quoi de neuf ?

Lost in translation

Un jeune homme se rend dans un restaurant chinois avec sa fiancée. Pour l'impressionner, il lui fait croire qu'il sait lire le chinois.

Au moment de passer commande, il dit au serveur, en pointant du doigt les plats écrits sur la carte :

— Eh bien… vous allez nous servir ça… Et puis ça… Ceci également.

— Très bien, répond le serveur.

— Et pour terminer, vous nous mettrez ceci.

— Ah non, je suis désolée ! Ce ne sera pas possible.

— Pour quelle raison ? Vous n'en avez plus ?

— Non… ça, en fait, c'est le nom du patron.

Galipette

Un homme dit à sa femme :

— Je me sens en forme ce matin. J'aurais bien envie de faire des galipettes !

— Parfait ! répond sa femme. Galope jusqu'à la cuisine et prépare-nous à déjeuner !

Fataliste

Un type a peur de prendre l'avion et hésite à monter sur la passerelle. L'hôtesse tente de le rassurer :

— Vous savez, monsieur, il ne faut pas être aussi négatif et vous dire que c'est votre jour…

— D'accord, répond l'homme, c'est peut-être pas mon jour, mais c'est peut-être celui du pilote.

Uniformes à l'école

Deux pères discutent de l'actualité devant une école :

— Avec les uniformes, comment on va reconnaître nos enfants à la sortie des classes s'ils sont tous habillés pareil ?

— C'est comme les valises sur le tapis de l'aéroport, si toutes les valises étaient les mêmes, imagine le bazar à l'arrivée d'un avion.

Devinette à la con

Que font les grilles du loto après minuit ?

Elles vont se cocher.

Élections européennes

Deux amis parlent politique :

— T'as vu ? Jordan Bardella sera tête de liste du Rassemblement national aux élections européennes et il sera opposé à Marion Maréchal, tête de liste Reconquête.

— Oui, à l'extrême droite, on aura le choix entre Ken et Barbante.

Message du gouvernement

À quelques jours de l'ouverture de la prochaine COP, le gouvernement veut rappeler que COP veut dire « Conférence des parties » et pas « Continue à polluer »… même si ça y ressemble.

Biden à la COP

Deux amis discutent de l'actualité

— T'as vu, Joe Biden ne se rendra pas à la prochaine COP.

— Après… quand t'as 81 ans, le futur de la planète, tu t'en fiches un peu. Le futur pour lui, vu son état, c'est de tenir jusqu'à Noël. Après, on verra, c'est que du bonus.

Une bonne excuse

Un homme rentre chez lui vers 3 heures du matin. Sa femme l'attend de pied ferme.

— C'est à cette heure-là que tu rentres ? Tu m'avais pourtant promis que tu ne resterais qu'une demi-heure dans ton pub. Quelle excuse vas-tu encore me trouver ?

— Alors, je vais tout t'expliquer. J'étais là, devant le feu, mon verre de whisky à la main à regarder les flammes danser. Je n'arrivais pas à partir.

— Et qu'est-ce qui t'en empêchait ?

— Eh bien, les pompiers avec tout leur matériel…

Petite consolation

— Ce qui me console après la mort de mon mari, c'est qu'il n'a pas souffert longtemps.

— Ah bon ? Depuis combien de temps étiez-vous mariés ?

Orchestre symphonique

Dans un orchestre symphonique, deux violonistes, un Corse et un Breton, bavardent :

— La semaine dernière, dit le Corse, j'ai joué un concerto dans la cathédrale d'Ajaccio, devant 6 000 personnes. Tu ne vas pas me croire, mais j'ai tellement bien joué que j'ai fait pleurer la statue de la Sainte Vierge !

Perplexe, le Breton hoche la tête et dit :

— Moi, hier, à la cathédrale de Quimper, j'ai joué devant plus de 10 000 personnes. Tu ne vas pas me croire mais à un moment, j'ai vu Jésus se décrocher de la croix et venir vers moi. Je me suis arrêté de jouer, et dans un silence de mort, il m'a dit :

— Mon fils, j'espère que tu connais bien ta partition !

Surpris, je lui ai répondu :

— Seigneur, je connais bien ma partition. Pourquoi me demandez-vous cela ?

Et il m'a répondu :

— Parce que la semaine dernière, à la cathédrale d'Ajaccio, un petit Corse prétentieux a tellement mal joué qu'il a fait pleurer ma mère !

Une théorie

Dans un congrès international, deux grands professeurs de médecine qui se détestent cordialement discutent :

— Il semble prouvé, dit le premier, que manger régulièrement du poisson est excellent pour le développement de l'intelligence.

— Moi, j'adore le poisson, répond l'autre. J'en mange une fois par jour depuis au moins vingt ans !

— Ah ! s'exclame alors son interlocuteur. Voilà encore une belle théorie qui s'effondre.

Le garagiste dégoûtant

— Je suis allée récupérer ma voiture que j'avais donnée à réviser, raconte une femme à une collègue de bureau. J'ai été horrifiée de trouver, à l'avant, le mégot d'une cigarette que le mécanicien avait fumée à bord de mon véhicule.

— Ce n'est vraiment pas professionnel ! C'est dégoûtant !

— J'ai été encore plus choquée quand j'ai trouvé, à l'arrière de la voiture, un préservatif, ce qui m'a fait comprendre pourquoi, après, le garagiste avait eu besoin de s'en griller une.

Un assistant parfait

Un médecin demande à son collaborateur :

— Écoute, demain, je vais faire un golf, mais je ne veux pas fermer la clinique, alors tu t'occuperas des patients qui viendront.

— D'accord, docteur, répond le jeune assistant.

Le docteur va jouer au golf et, le lendemain, il demande à son assistant :

— Alors, comment s'est passée ta journée ?

L'assistant explique qu'il a eu trois patients.

— Le premier avait une migraine. Je lui ai donné de l'aspirine.

— Très bien, et le deuxième ?

— Le deuxième avait des brûlures d'estomac, je lui ai donné du Maalox, monsieur.

— Bravo ! Bravo, tu es un vrai pro.

— Et le troisième ?

— Eh bien, j'étais assis et d'un coup sec la porte s'est ouverte. Une femme est entrée comme une furie. Elle s'est entièrement déshabillée, s'est couchée sur la table d'examen et elle m'a crié :

— Aidez-moi ! Vite. Cela fait cinq ans que je n'ai pas vu un homme !

Plutôt inquiet, le médecin demande :

— Et, qu'est-ce que t'as fait ?

— Je lui ai mis des gouttes dans les yeux...

La différence

Quelle est la différence entre le temps et un œuf ?

Le temps passe mais l'œuf dur…

Une histoire de cigognes

— Maman, je veux un petit frère !

— C'est vrai ? demande la maman. Alors, je dois demander à la cigogne si elle peut m'en amener un.

— Tu veux pas d'abord essayer avec le sexe de papa ?

FLASH INFO

« Voici le nouveau Code du travail, préparé en secret par Emmanuel Macron. Il ne comporte qu'un seul article : "Tais-toi, feignasse, et bosse !" »

Le braconnier et l'aigle royal

Un braconnier se fait arrêter en train de manger un aigle royal et un poisson.

Les gardes forestiers le mettent en taule avant de passer en jugement.

Le juge lui demande :

— Vous ne savez pas que l'aigle royal est une espèce protégée et qu'il est interdit de le tuer ?! C'est un crime !

— Je sais, répond le braconnier, mais je vais vous expliquer ce qui s'est passé.

— Je vous écoute.

— J'étais dans cette forêt depuis plus de quinze jours, j'avais épuisé mes provisions et je me nourrissais exclusivement de plantes. C'est alors que j'ai vu cet aigle plonger dans le lac et remonter un poisson. Je me suis dit : « Pas con ! Je vais lui faire peur et il va lâcher le poisson. » Alors qu'il se posait sur un arbre, j'ai lancé un caillou dans sa direction sans imaginer que je l'atteindrais à la tête. C'est pourtant ce qui s'est passé et l'aigle est tombé raide mort ! Je me suis dit que c'était vraiment con d'avoir tué cet aigle, mais vu que c'était fait et que j'allais crever de faim, j'ai choisi de le manger.

Le juge ordonne alors une suspension pour examiner les arguments du défendant. Un quart d'heure plus tard, le juge revient et lui dit :

— Vu les circonstances et vu que vous n'aviez pas l'intention de tuer cet aigle, la cour ne retiendra aucune charge contre vous.

Alors que l'ex-prévenu allait lui serrer la main, le juge lui glisse :

— Ça a quel goût, l'aigle royal ?

— Bah, votre honneur, ça ne vaut pas l'ours des Pyrénées, mais c'est meilleur que le mouflon ou le panda !

JE ME DEMANDE SI JE NE POURRAIS PAS REVENIR EN POLITIQUE, MOI...
JE ME POSAIS LA MÊME QUESTION, FRANÇOIS.
T'EN PENSES QUOI, DOMINIQUE ?
FAUT PAS FORCER ET SAVOIR SE RETIRER À TEMPS, LES GARS !

Argent très liquide

Un homme est assis sur le tabouret d'un bar, face au barman. Il a l'air extrêmement triste et garde le nez dans son verre, sans y toucher. Le barman finit par le prendre en pitié et tente de faire preuve d'un peu de commisération :

— Vous avez un problème ? Qu'est-ce qui ne va pas ?

— Mon frère vient tout juste de me dire qu'il y avait une banque du sperme à côté de chez lui, et qu'ils payaient jusqu'à 50 euros pour un don…

— Oui, et alors ?

— Et alors ? Vous ne réalisez pas ? dit l'homme entre deux sanglots, quand je pense à la véritable fortune qui m'a glissé entre les doigts…

Chameau, mode d'emploi !

Pour réaliser son rêve, un homme prend un an de congé sabbatique. Il fait ses bagages et part au Sahara. À peine arrivé, il trouve un marchand de chameaux très sympathique qui lui explique :

— Tiens, prends celui-là. C'est très simple, pour avancer tu lui dis : « Ouf ! » Si tu veux qu'il aille plus vite, tu lui dis : « Ouf ! Ouf ! » Et si tu veux aller encore plus vite, tu lui dis : « Ouf ! Ouf ! Ouf ! » Pour s'arrêter, tu lui dis simplement : « Amen ! »

— OK, pas de problème.

L'homme part à la découverte du désert avec son chameau. Tout content, il essaie toutes les vitesses du chameau. Au bout d'une heure, fatigué par le voyage, il s'endort. À son réveil, le chameau court toujours mais il aperçoit au loin un précipice vers lequel le chameau se dirige avec assurance. Malheureusement, il a complètement oublié le mot pour arrêter le chameau. Il essaie tous les mots qui lui passent par la tête :

— Alléluia ! Non, c'est pas ça.

— Abracadabra ! Toujours pas.

— Je suis sûr que ça commence par un A !

— Ah oui, ça y est, c'est « Amen » !

Le chameau s'arrête à 3 cm du précipice. Soulagé, l'homme soupire :

— Ouf…

Ma dernière volonté

Un très vieux Juif, richissime et sans descendant, est sur son lit de mort. Au dernier moment, au lieu d'appeler le rabbi à son chevet, il fait convoquer Marine Le Pen.

La patronne du Rassemblement national est intriguée mais, en raison de la personnalité du mourant, elle fait le déplacement. Lorsqu'elle entre dans la chambre, le vieil homme lui fait signe d'approcher... et quand elle est vraiment tout près, il lui murmure :

— Je vous ai fait venir ici pour vous faire part de mes dernières volontés... Je vais partager ma fortune en trois : une part ira à la construction d'un monument à la mémoire de tous les Juifs morts pendant la guerre... une autre ira à la construction d'une maison de retraite pour les rescapés de la Shoah... et la dernière part sera remise au rabbi Rosenberg pour qu'il l'utilise comme bon lui semblera.

Marine Le Pen est blême. Elle ne comprend pas pourquoi le vieux Juif l'a fait venir à son chevet, surtout pour lui raconter qu'elle passera à côté de l'héritage. Elle lui demande alors :

— Excusez-moi, mais... pourquoi m'avez-vous fait appeler ?

— Parce que ma maladie est contagieuse.

Extrait du discours de Marine Le Pen

« Je serai la Présidente de tous les Français ! Qu'ils soient blancs, blancs clairs, blonds, qu'ils aient les yeux bleus ou le crâne rasé. De tous les Français ! »

La confiance règne

Quand tu rentres chez un coiffeur, tu trouves des cheveux par terre.

Quand tu rentres chez un menuisier, tu trouves du bois par terre.

Quand tu rentres chez un couturier, tu trouves du tissu par terre.

En revanche, quand tu rentres dans une banque, même le stylo est accroché à un fil.

Il n'y a pas de sot métier

Dans une classe de cinquième, le professeur demande aux élèves de venir à tour de rôle devant le groupe pour expliquer le travail de leur mère. Il y a toutes sortes de réponses typiques comme infirmière, vendeuse...

Théo, étrangement silencieux dans le fond de la classe, semble éviter le regard du professeur.

Celui-ci ne se laisse pas berner et lui demande expressément de parler du métier de sa mère.

Après plusieurs secondes d'hésitation, le jeune Théo se lève, soupire et explique :

— Ma mère est danseuse érotique dans un cabaret. Elle enlève tous ses vêtements devant des hommes. Quelquefois, elle s'isole avec un monsieur dans une espèce de confessionnal, et elle se laisse faire toutes sortes de choses sexuelles pour de l'argent.

Le professeur, étonné par ces révélations, envoie sur-le-champ les autres élèves en récréation et garde le petit Théo avec lui. Il lui demande :

— Théo, est-ce que c'est bien vrai pour ta mère ?

— Non, m'sieur ! Elle travaille au MoDem avec Bayrou, mais j'allais quand même pas dire ça devant tout l'monde !

Devinette

Qu'est-ce qui sépare deux obsédés sexuels de quatre cochonnes ?

Une porte de cockpit.

Brève de bureau en temps de Covid

— Je ne te fais pas la bise, dit une jeune femme à son collègue.

— Pourquoi ? Ne me dis pas que t'as chopé le coronavirus ?

— Non, c'est juste parce que tu pues de la gueule.

Blague mignonne

Alors qu'il se promène au bord d'une rivière, un oignon tombe en arrêt devant un saule pleureur.

— Mon Dieu, se lamente-t-il. J'espère que cette fois, je n'y suis pour rien !

La différence

En Irlande, quelle différence y a-t-il entre un mariage et un enterrement ?

Dans un enterrement, il y en a un qui n'est pas bourré.

Faites entrer l'accusé belge !

On soupçonne un Belge d'être l'auteur d'un viol. Les policiers demandent au Belge de se tenir debout contre le mur, avec d'autres suspects, afin que la victime puisse procéder à une éventuelle identification.

Dès que la victime entre dans la pièce où tous les suspects sont alignés contre le mur, le Belge s'écrie :

— C'est elle !

Un vrai travail

À Jérusalem, Ariel va voir le grand rabbin et lui demande :

— Grand rabbin ! Je cherche du travail depuis six mois maintenant... Pouvez-vous me trouver cela ?

Le rabbin répond :

— Ariel, j'ai un travail pour toi : tu peux faire le guet devant l'entrée de notre belle cité, et dès que Jésus revient, tu viens l'annoncer à tout le monde !

— C'est bien payé ?

— Non ! Mais tu as la sécurité de l'emploi !

Quelle barbe !

Le directeur d'un institut de sondages annonce à ses collaborateurs :

— En vue de la présidentielle de 2027, nous allons lancer ce que j'ai baptisé « l'opération Marguerite ».

— De quoi s'agit-il ?

— De poser la question suivante à un échantillonnage de 1 029 personnes, au sujet d'Édouard Philippe : « L'aimez-vous un peu, beaucoup, passionnément, à la folie ou pas du tout ? »

De toutes les couleurs

Deux amis caméléons se retrouvent autour d'un verre pour discuter :

— Et toi, tout va bien avec ta femme ? demande l'un deux.

— Ne m'en parle pas, elle m'en fait voir de toutes les couleurs !

La vengeance ultime

Une femme raconte à une amie :

— Mon mari m'a quittée pour une fille plus jeune. Du coup, je me suis mariée avec le père de cette dernière et, maintenant, je suis l'insupportable belle-mère de ce connard !

Le point commun

Quel est le point commun entre François Hollande et Emmanuel Macron ?

Ils ont tous les deux fait entrer leur maîtresse à l'Élysée.

Témoignage

« Ma femme m'a donné trois jours pour arrêter de boire. J'ai choisi le 2 février, le 19 avril et le 21 novembre. »

Leçon de politique

— Papa, c'est quoi la politique ? Tu peux me l'expliquer ?

— Bien sûr, donne-moi ta tirelire, dit-il en souriant. C'est pour ton bien.

— Mais, papa.

— C'est ça, la politique.

Champion olympique !

Teddy Riner entre dans un pub et lutte difficilement pour s'installer au bar. Il a le nez cassé, deux yeux au beurre noir et l'épaule déboîtée. Le barman lui dit :

— Monsieur Riner, je pensais que vous étiez champion du monde et champion olympique de judo.

— C'est le cas, mais ça n'a aucun effet contre les voitures.

MIXTE
Papier | Pour une gestion forestière responsable
FSC® C022829

Cet ouvrage est composé de matériaux issus de forêts
bien gérées certifiées FSC®, de matériaux recyclés et de matériaux
issus d'autres sources contrôlées.
Le Forest Stewardship Council® est une organisation internationale
non gouvernementale qui encourage une gestion écologiquement adaptée,
socialement bénéfique et économiquement viable des forêts de la planète.
en savoir plus, consultez le site www.fsc.org

Achevé d'imprimer en août 2024
sur les presses de la Nouvelle Imprimerie Laballery
58500 Clamecy
Dépôt légal : septembre 2024
N° d'impression : 405299

Imprimé en France

La Nouvelle Imprimerie Laballery est titulaire de marque Imprim'Vert®